티켓

◆ (놀)면서 (깨)닫고 (맘)이 끌려주는 인생 조언 ◆

◆ 성장하려는 자 티켓을 끊으시오 ◆

TICKET

티켓

지금 나의 모습은

예전에 내가 뿌린 씨앗이다

이영석 지음

차선책

놀깨형이 건네는 인생 테마파크 티켓

EXPERIENCE + ENJOY = GROWTH

사노라면 테마파크에 오신 것을 환영합니다!

차례

Ⅰ장. 사노라면 테마파크에서 갸웃갸웃

Ⅱ장. 사노라면 테마파크에서 이것저것

III장. 사노라면 테마파크에서 어슬렁어슬렁

IV장. 사노라면 테마파크에서 뚜벅뚜벅

인생이라는 테마파크를
거닐고 계신 여러분께

"그간 어떻게 지내셨어요?"

세상에서 사라진 것도 아니었는데 강연이나 미팅에 나가면 자주 듣곤 하는 말이다. 이 책은 저 질문에 대한 답이 될 수 있겠다.

늘 궁금한 게 많고, 호기심이 많은 나는 질문을 많이 하기도 하고 받기도 한다. 이제까지 가장 많이 받은 질문은 이것이다.

"지금까지 가장 잘한 일은 무엇이었을까요?"

한 치의 망설임도 없이 답할 수 있다.

"내가 가장 잘한 일도, 가장 잘못한 일도 '총각네 야채가게'를 만든 것입니다."

비록 지금은 다른 분이 경영하고 계시지만, 청춘을 바친 사업이므로 내 손을 떠났음에도 전혀 미련도 아쉬움도 없다.

40대에서 50대로 넘어서면서 지금껏 살아오던 방식과 조금 다른 방식으로 살아 보니 잘한 것과 잘못한 것, 틀린 것과 옳은 것은 동전의 양면처럼 맞닿아 있다는 인생의 진리를 깨달을 수 있었다.

유명, 무명을 따지기에는 민망하지만 아직도 검색창에 내 이름을 치면 검색이 된다. 그런 의미에서 나는 유명한 사람이 맞다. 한때는 청년 사업가라는 연관 검색어가 따라붙었다.

이 책을 쓰고 있는 시점에 내 이름 뒤에 따라붙는 연관검색어는 '갑질'이다. 진실이야 어떻든, 과거 나의 말과 행동이 좋지 못한 평가를 받을 수 있다는 것을 겸허히 받아들인다. 지금 나의 모습은 내가 뿌린 씨앗에서 비롯된 것이므로.

당시 가난을 벗어나게 한다는 명목으로 거칠고 모질게 몰아세웠던 '욕 테라피스트' 이영석의 생각은 단순했다.

'내가 그렇게 가난에서 벗어났으니 당신들도 할 수 있어.'

나 같은 사람도 가능했는데, 당신들처럼 멋진 사람이 못할 이유란 없다고 진심으로 믿었다. 그러나 내가 나만의 방식으로 가난에서 벗어난 사이 세상은 변했고, 사람들도 나를 더는 예전의 그 청년으로 보지 않는다는 것을 미처 깨닫지 못했다.

아주 어린 시절부터 나는 돈을 벌어야 했다. 불편함을 제

거하지 않으면 익숙함이 된다. 그 익숙함이 두려웠다. 궁핍한 삶 가운데 고난은 즐길 대상이 아니라 내 앞에서 치워 버려야 할 것이었다. 운명에 맞서는 습관은 생활이 되다 못해 곧 나의 인생이자 성공방식이 되었다. 죽을 만큼 노력해서 내 이름을 세운 후 남들이 말하는 성공한 사람이 되었고 풍요롭게 살 수 있었다. 장사꾼으로 일가를 이루었지만 부끄럽지 않았고 나처럼 살고 싶다는 청년들에게 아낌없이 내 방식을 나누었다. 그러다 정신 차리고 보니 어느덧 가난하게 산 시간보다 부자로 산 시간이 길어졌다.

마흔이 채 되기도 전에 사회적으로 물질적으로도 가정적으로도 나는 누구도 부럽지 않은 삶을 손에 쥘 수 있었다. 그런데 이제 다 이루었나 싶은 순간에 운명은 잔인하게도 나를 흔들었다.

사건이 있은 후, 경찰과 검찰 조사를 받았다. 결과는 모두 무혐의였다. 그러나 그렇게 야단법석 떠들어 대던 언론 중 어떤 곳도 그 사실을 밝혀 주는 곳은 없었다. 그게, 세상이었다. 속상하지 않았다면 거짓말이다. 하지만 그조차도 나는 겸허히 받아들이기로 마음먹었다.

남들이 말하는 성공은 이루었지만 나는 내가 누군지도 모른 채 중년이 되었고, 그렇게 달려온 시간 동안 내가 모르고 지은 죄, 알고 지은 죄가 내 삶의 걸림돌이 되어 나를 막

아셨다. 그것을 계기로 잠시 멈추었다. 그래도 삶은 여전히 계속되었다. 다만 전과는 많이 다른 방향으로 나를 키우는 시간을 보냈다. 내가 나를 보살피는 시간이 필요했다.

"인상이 너무 많이 바뀌었어요."

나를 10년 이상 알고 지낸 사람들에게 요즘 가장 많이 듣는 말이다. 예기치 못한 일로, 일궈 왔던 브랜드에서 손을 뗀 후 하루에도 몇 번이나 아차산과 청계산을 오르내렸다. 내 걸음으로 한 번 오르고 내리는 데 걸리는 데 두 시간이 걸렸다. 2년 이상 매일 다섯 시간 이상 산에 머물며 사색을 했다. 어떤 고통도 심각하게 마음에 두는 성격이 아니라 처음엔 인생의 변화를 받아들이기 어려웠다. '이 또한 지나가리라' 같은 격언도 처음엔 받아들이기 어려웠다. '별일 아니야'라고 스스로를 다독여 봤지만 생전 처음 이런 일을 겪는 나에게 고통이 아닐 수는 없었다. 그러다 산에 오르내리면서 안정을 찾아갔다. 뚜벅뚜벅 걷는 동안 오로지 내가 가진 것 이상으로 이루기 위해, 성공하기 위해, 더 큰 목표를 세우고 이루기 위해 살았던 인생 전반기의 장면이 주마등처럼 스쳐 갔다.

매일 오르는 산이었지만 계절에 따라 내 마음 상태에 따라 보이는 풍경이 달랐다. 마음이 바뀌니 보이는 것이 달라진 것인지, 실제 눈에 비친 것이 변한 것인지는 모른다. 어느 순간 깨달았다. '그래, 이게 내 인생이구나.' 그동안 오직 목표와 성취만 가득했던 내 인생에서 나는 산을 오르기에 급급했다. 산이 나를 받아 주었을 때의 정취, 풍광, 풀냄새, 산새의 지저귐…. 이러한 것들을 이제껏 보지 못했듯 내 주변을 이루는 많은 디테일을 섬세하게 보듬지 못했다.

이런 것을 깨닫고 즐길 수 있게 되자 비로소 그때는 보지 못했던 것이 보이기 시작했다.

아마 그때 나는 그만큼 성장한 것이리라.

"어차피 겪을 일이라면 즐기자!"

아기가 걸을 수 있게 되기까지 수천, 수만 번을 실패한다고 한다. 한 걸음 걷고 주저앉고, 두 걸음 걷고 넘어지고…. 그러나 아기는 걸음마 자체를 놀이로 여기기에 즐겁게 그 실패를 반복할 수 있다. 그리고 마침내 제 두 발로 걸을 수 있게 될 때, 네 발 인생에서 두 발 인생으로 성장하게 된다.

나는 뭔가 대단한 성공이나 성장을 말하거나 강요하고 싶지 않다. 그저 오늘 본 것으로 내일 한 걸음 나아가는 정도의 소소한 성장, 그리고 기왕이면 그 과정을 재미나게 즐길 수 있기를 바랄 뿐이다.

오늘 못 했으면 내일 해내면 된다. 그저 그 작은 한 걸음

내딛기를 잊지만 않아도 한 달 뒤, 1년 뒤⋯. 몰라보게 성장한 자신을 만날 수 있을 테니까.

그 걸음을 내가 단 한 발짝만 앞서서 응원하며 가이드할 수 있기를 바란다.

모진 비바람을 맞은 겪은 애벌레 이영석도 이제야 비로소 봄을 맞아 나비가 되어 가는 중이니까.

I 장

TIC
KET

사노라면
테마파크에서
갸웃갸웃

인생이라는 테마파크에서
기억해야 할 것

즐겨라,
경험하라
그리고 성장하라

도쿠가와 이에야스는 말했다.

"인생이란 무거운 짐을 지고 먼 길을 가는 것과 같다."

이영석은 말한다.

"인생이란 하나에서부터 열까지 즐길 것으로 가득 찬 테마
파크와 같다."

어린 시절을 떠올려 보자. 테마파크에 가기 전날부터 두근
두근 얼마나 설렜던가. 화려한 색색의 놀이기구며, 와자지
껄한 분위기, 흥겨운 음악…. 수많은 사람에 이리저리 치
이면서도 마냥 즐겁고 신나기만 했다. 지금 생각해 보면
부모님은 그저 신난 표정만은 아니었던 것 같다. 당시에는
그 이유를 몰랐지만, 나이가 들어 내가 부모의 입장이 되

어 보니 조금은 이해할 수 있었다. 그리고 그것이 못내 안타까웠다.

사람에 따라 근심걱정을 가지고 테마파크에 올 수도 있다. 어쩔 수 없이 테마파크에 왔고, 놀기는 놀아야겠는데 바깥세상에서 지고 들어온 근심걱정 때문에 100% 즐기지 못하는 거다. 그런 사람은 만약 테마파크에 안 와도 됐었다면 굳이 오지 않았을지도 모른다. 그러나 어떤 이유에서든 들어왔다면, 그때부터는 즐겨야 한다. 그게 테마파크의 규칙이다.

밖에서 어떤 힘든 일을 겪었더라도 테마파크에서는 즐겁게 웃고 즐겨야 한다. 왜냐고? 테마파크는 그러라고 만들어진 곳이니까!

인생도 테마파크와 마찬가지다. 만약 태어나기 전부터 선택권이 있었다면 다른 선택을 했을지도 모른다. 태어나지 않는다는 선택지도 있었을지 모른다. 만약 그렇다면 우리는 태어나기 전에, 삶을 선택했기 때문에 태어난 것일지도 모른다. 그러면 삶을 선택한 그때, 태어난 그 순간부터 우리에게는 삶을 즐길 의무가 생기는 것은 아닐까?

신이 우리를 삶이라는 테마파크에 보낸 것은 근심걱정하라는 게 아니라 가능한 한 신나게 즐기라고 보낸 것이라 믿는다.

키가 작은 어린이는 몇 가지 탑승할 수 없는 놀이기구가 있다. 좀 더 자라서 놀이기구를 감당할 정도가 되어야 비로소 탑승이 허락된다. 만약 그것을 어기고 억지로 탄다면, 재미를 느끼기보다는 고통스럽거나 때에 따라 위험할 수도 있다. 이처럼 어차피 다 겪을 일이라면 단계적으로 내 능력에 맞게 순서를 정해 겪는 편이 훨씬 수월하다. 나는 그 단계 없이 좌충우돌 닥치는 대로 겪어야만 했다. 겪지 않아도 됐거나 좀 맷집이 좋아진 후에 겪어야 했을 일을 뒤죽박죽 겪으니 당연히 많이 다칠 수밖에 없었다. 그러나 그렇게 다친 덕분에 나는 다른 이들을 돌아볼 수 있는 눈을 가질 수 있게 됐다. 좀 아팠지만, 성장할 수 있었다.

아기를 떠올려 보자. 갓난아기는 처음에는 누워서만 생활한다. 그러다 몸을 뒤집고, 배밀이를 하다가 두 팔로 짚어 네 발로 긴다. 그러다 비로소 뭔가 붙잡고 일어서서 한 걸음씩 내딛는다. 그리고 곧 뛰고 춤춘다. 이 간단한 행위에 인생이 모두 담겨 있다. 성장하는 과정도 마찬가지다. 앞으로 이야기하는 일곱 가지 단계를 잘 따라가다 보면 어느새 이전보다 훨씬 더 성장해 있는 내 모습을 발견할 수 있을 것이다.

놀깨형이 건네는 한마디

- 피할 수 없다면 즐겨라! – 로버트 엘리엇
- 겪지 말고 경험해라! – 놀깨형

당신의 명언

----

1. 절실한 마음 가지기

인생이라는 테마파크에 들어온 여러분이 가장 먼저 해야 할 것은 절실한 마음 가지기다. 세상 모든 것은 마음에서 시작하는 법이다. 따라서 성장하고 싶다면 가장 먼저 마음속에 성장하겠다는 의지, 성장하고 싶다는 열정이 있어야 한다. 우리의 마음은 육체적 활동의 근간이다. 마음은 행동의 원동력이며, 행동의 이유이다. 그러므로 무엇이든 마음이 움직여야 몸도 따라오는 법이다.

다이어트를 할 때도 마음부터 먹어야 한다. 내 마음속에서부터 다이어트가 절실하면 운동의 필요성도 느끼고, 식단도 자연스럽게 조절하게 된다. 반대로 다이어트에 대한 의지가 없다면 운동을 하고 식단조절을 한들 며칠이나 지속될까? 예상컨대 사흘도 버티지 못하고 포기하리라. 먼저 내 마음속에서 의식 변화가 이루어져야, 행동도 뒤따라온다.

성장도 마찬가지다. 성장하고 싶다면 가장 먼저 마음부터 먹어야 한다. 공부든, 장사든, 돈을 버는 일이든 마음이 먼저 움직여야 다음 단계로 나아갈 수 있다. 지금 내 마음속에 성장하고 싶다는 의지, 열정이 가득차야 한다. 이런 마음조차 없다면 훌륭한 스승의 가르침이나 교육도 무의미하다. 아무리 좋은 말과 자극이 되는 말로 힘껏 뒤에서 밀어줘도 소용이 없다. 자신을 바꾸고 싶으면 마음속에 의식의 변화가 먼저 있어야 한다. 의식의 변화가 있어야 동기부여가 되어 행동으로 이어질 수 있다.

우리 중 누구도 현재의 자리에 머물고 싶은 사람은 없다. 다들 성장을 원한다. 하지만 진정으로 단단하게 마음먹는 사람은 드물다. 왜일까? 절실하지 않기 때문이다. 배고픈 사람들이 음식을 찾고, 목마른 사람들이 물을 찾는 것처럼, 성장도 절실한 사람이 찾는 법이다. 그동안 수많은 사람을 지켜본 결과, 성장하는 이들에게는 공통점이 있었다. '절실함'이 그것이다. 그들 모두 '어제와 다르게 살겠다, 과거의 습관을 끊어 내겠다, 오직 이 길밖에 없다'라는 절박함을 마음속에 품고 있었다.

▸ 환경이 나쁜 게 아니라 용기가 없는 것은 아닐까?

간혹 성장하고 싶은 마음은 가득하지만 환경이 안 된다고 말하는 사람도 있다. 자신에게는 돈도 없고 배경도 없고 가진 것도 없어서 성장하기 어렵다고 한다. 그런데 정말 그럴까? 미안하지만 그건 비겁한 변명이다. 돌아보면 그 환경도 스스로 만든 것이다. 즉 환경이 나빠 못 한 것이 아니라, 용기가 없어서 안 한 것이다. 많은 사람이 제가 가지고 있는 결핍이 성장하는 데 원동력이 될 수 있는지를 모른다. 그러니 변명을 하는 것이다.

내게는 그 누구보다 환경 탓, 집안 탓 등등 온통 탓할 수 있는 것투성이였다. 어찌 보면 결핍의 끝판왕이라고도 할 수 있겠다.

사업하셨던 아버지가 부도의 충격으로 돌아가시자 집안 형편이 급격히 어려워졌다. 한밤중에 쫓기듯 이사 간 곳은 쪽방촌 비닐하우스였다. 그곳이 내 삶의 시작이었다. 초등학교 5학년 때부터 신문 배달, 닭 씻기, 계단 청소, 화장실 청소, 건설현장 노동 등 수많은 아르바이트를 해야 했다. 그때마다 '아버지가 가난을 물려주지 않았다면, 우리 집이 부자라면 얼마나 좋을까, 왜 나는 부모를 잘못 만나서 가난할까?'라는 생각으로 세상에 대한 원망과 분노가 가득했다. 가난이 너무 부끄럽고 창피했다.

하지만 성인이 된 후 돌이켜보니 가난했던 그 시절이 몹시 고맙게 여겨졌다. 가난 덕분에 어떻게든 부자가 되어야겠다는 생각이 절실해졌다. 어떻게든 가난이라는 꼬리표를 반드시 떼어 내겠다고 마음먹었다. 또, 부자가 되기 위해 치러야 할 대가가 있다면 무엇이든 다 치르겠다고 다짐했다. 또, 가난 덕분에 배워야겠다는 생각도 하게 되었다.

당시 쪽방촌 주변에는 주로 알코올 중독자와 일용직 근로자들이 살고 있었다. 그때 알았다. 가난한 사람들이 왜 모여서 사는지, 왜 가난한 생각밖에 못 하는지. 왜 가난할까? 가난한 사람들은 배우지 않는다는 것을 알았다. 가난 덕분에 교육이 절실해졌다. 가난은 내 성장의 최고 원동력이 되었다.

사건 이후 나와 인연을 이어 가고 있는 세 명의 제자 역시 온통 탓할 것투성이인 환경이었다.

　　첫 번째 제자였던 ○○은 홀어머니 밑, 어려운 형편 가운데 자랐다. 어머님이 생계를 위해 일하셔야 했던 탓에 어린 시절부터 할머니 손에서 자랐다. 좋은 대학을 나온 것도 아니었고 주변에도 누구 하나 도와줄 사람이 없었다. 게다가 희귀질환인 모야모야병을 얻어 몇 차례 큰 수술을 받기도 했다. 이런 조건이었다면 대부분 환경 탓, 주변 탓, 남 탓을 하며 세상을 원망할 것이다. 그는 자신에게 주어진 조건을 덤덤하게 받아들였고, 바로 그것을 원동력으로 삼았다. 그런 그가 내게 도움을 요청했다. 나는 ○○을 테스트하기 위해 그에게 서울까지 걸어올 것을 제안했다. 절실한 마음을 보고 싶었다. 오죽했으면 생면부지인 나를 부산에서 찾아왔겠는가. 지금은 남들이 부러워하는 미국 ○○회사에서 일하며 잘 지내고 있다.

　　나머지 두 명의 제자 역시 ○○과 상황은 크게 다르지 않다. 그들 역시 성장을 향한 열망이 그 누구보다 간절했고 주변 상황을 탓하지 않았다. 그저 자신 앞에 놓인 조건을 받아들이고 성장할 수 있는 계기를 만들어 갈 뿐이었다. 그 결과 지금은 다들 멋지게 성장해서 맡은 바 제 역할을 잘하고 있다.

어느 날 후배가 찾아와 성공하고 싶다고 했다. 다만 자신은 학벌도 별로고 집안도 어렵다고 한다.

나는 그에게 물었다.

"혹시 더 이상 잃을 것이 있니?"

그 친구가 덤덤하게 대답했다.

"지금보다 더 잃을 게 없습니다."

나는 A4용지 한 장을 건네며 절반을 접어서 한쪽에 조건 '때문'에 할 수 없는 것들을 적어 보라고 했다. 그리고 다른 한쪽에는 조건 '덕분'에 할 수 있는 것들을 적어 보라고 했다. 그리고 어느 쪽이 더 많은지 직접 확인해 보라고 했다. 잠시 후 후배의 얼굴이 밝아졌다.

"할 수 있는 것에 집중하겠습니다. 감사합니다!"

이처럼 내가 어떤 단어를 쓰느냐에 따라 몸의 반응은 완전히 달라진다. 내가 어떻게 바라보느냐에 따라 보이는 것도 달라진다. 지금 나를 둘러싼 환경에 눌려 용기를 내기 어렵다면 내가 가진 조건 때문에 할 수 있는 것과 할 수 없는 것을 적어 보자. 분명 자신이 할 수 있는 것이 훨씬 많다는 걸 깨닫게 된다. 가난하다면 가난을 성장하는 데 원동력으로 사용하고 학벌이 부족하면 그것도 원동력으로 쓰면 된다. 외모가 못생겼다면 남들보다 더 밝게 웃고 더 신나는 사람으로 바뀌면 된다. 또, 건강이 지금 안 좋으면 건강해지기 위한 노력을 원동력으로 사용하는 것이다. 지금 내가 가지고 있는 것에 집중하고, 그것을 활용하면 더 많이 성장할 수 있다. 지금 내 앞에 놓인 걸림돌은 우리가 성장하는 데 최고의 디딤돌이다. 디딤돌로 삼아 딛고 일어설지, 걸림돌로 여겨 걸려 넘어질지는 순전히 자신에게 달려 있다.

놀깨형이 건네는 한마디

- 문제점을 찾지 말고 해결책을 찾아라. - **헨리 포드**
- 돌은 돌이다. 걸림돌로 쓸지 디딤돌로 쓸지는 내 선택이다. - **놀깨형**

당신의 명언

---

2. 목표 세우기

절실한 마음을 가졌다면, 그다음에는 구체화하기 위한 단계다. 마음을 가지는 것은 중요하지만, 마음만 가져서도 안 된다. 그렇다면 다음에 할 일은 무엇일까? 올바른 목표를 세우는 것이다. 명확히 보이고 실현 가능한 목표를 세우자. 목표는 도착지이기도 하다. 자신이 가야 할 최종 도착지를 알아야 올바로 걸을 수 있는 법이다.

▶ 목표가 있는 사람과 없는 사람의 차이

목표가 있는 사람과 없는 사람은 여러 차이점이 있다. 목표가 있으면 그 과정이 힘들어도 고생이라 여기지 않고 즐길 수 있다. 인기 있는 놀이기구를 한번 보라. 기나긴 줄이 늘어져 있다. 그 줄을 이루고 있는 사람들의 표정도 한번 유심히 보라. 괴로운 표정인가, 즐거운 표정인가. 때로는 줄을 서서 30분~1시간을 기다리면서도 다들 기대감에 부푼 표정으로 웃으며 기다린다. 놀이기구를 탔을 때 느낄 짜릿함을 알고 있고, 그것을 기대하기 때문이다. 나는 일할 때 그랬다. 새벽 1시 반에 출근하면서도 첫 공기를 마실 때는 '아드레날린이 분출되는 것 같은' 짜릿함을 느꼈다. 다른 사람들이 술 마시고 집에 들어갈 때 출근한다는 사실만으로도 기분이 좋았다. 내가 하는 일을 사랑했고 이루고 싶은 목표가 있었기 때문이다. 그 행복감은 엄청났다.

그러나 목표가 없는 사람은 무슨 일을 하든 항상 우울하고 힘들다. 내가 지금 현장에서 일용직 노동일을 하지만 목수가 되겠다는 목표가 있으면 어떨까. 일은 좀 고되어도 즐겁게 할 수 있다. 목수가 되면 지금보다 수입도 늘고, 그 돈으로 하고 싶은 다른 일도 얼마든지 할 수 있다. 그런데 아무런 목표가 없으면 열심히 해야 할 이유도, 의지도 없다. 어제도 내일도 그저 지겨운 똑같은 일상의 반복이다. 무슨일을 해도 흥미가 없고 우울하고 얼굴도 항상 어둡다. 그러니 성장하고 싶다면 목표를 먼저 굳건히 세워야 한다.

목표가 있는 사람과 없는 사람의 차이는 또 있다. 전자는 항상 방법을 찾고 행동한다. 반면 후자는 오로지 걱정만 하다 포기하는 인생을 살아간다. 우리는 흔히 돈이 있어야 뭘 할 수 있다고 생각한다. 그런데 정말 돈이 없어서 못 할까? 목표가 있으면 어떻게든 방법을 찾게 된다. 나는 가난했던 학생 시절부터 패러글라이딩, 스킨스쿠버, 승마를 취미로 해 오고 있다. 내가 그 비싼 레포츠를 어떻게 했을까? 승마장에 가서 말똥을 치워 주는 대가로 승마를 배웠고, 스킨스쿠버 숍에서 아르바이트를 하며 물속에 들어갈 기회를 얻었다. 이처럼 방법은 찾으면 얼마든지 있다. 무엇인가를 시작도 하기 전에 돈이 없다고, 혹은 시간이 없다고 핑계를 대는 사람을 보면 안타깝다. 방법은 찾으면 너무 많은데도 방법을 찾고자 노력하지 않는다.

우리에게 필요한 건 꿈이 아니라 목표다. 그러나 대부분은 목표 없이 그저 '꿈'만 가지고 있다. 꿈만 꾸다 보면 언젠가 깨게 마련이고 그러면 결국 포기하게 된다. 그러니 원하는 것이 있다면 목표를 명확하게 세워 보자. 지금까지 목표가 없이 살았다면 오늘부터라도 목표를 세우자.

▶ 목표를 세우는 요령

그럼 어떻게 하면 목표를 잘 설정할 수 있을까. 목표 설정에도 요령이 필요하다. 추상적인 목표로는 아무것도 얻을 수 없다. 구체화된 목표, 수치화된 목표를 세우는 습관을 가져야 한다.

첫 번째, 목표를 세분화하자.

즉, 목표를 잘게 나누어 보자. 책을 읽을 때 나만의 방법이 있다. 책을 챕터별로 잘라서 클립에 끼워서 가지고 다닌다. 그러면 갖고 다니기도 편하고 읽기도 훨씬 수월해진다. 목표를 세울 때도 구체적으로 하자. 가령 독서라면 무작정 '책 많이 읽기'가 아니다. 1년에 책 100권 읽기, 이렇게 구체적으로 세우는 거다. 그런 후 '한 달에 열 권, 한 주에 한 권

읽기' 등으로 세분화하자.

예를 들어 내 목표가 2주에 8킬로그램 감량이라면? 하루에 500그램만 꾸준하게 감량을 하면 2주일에 8킬로그램 감량할 수 있다. 이처럼 하루에 500그램이라 생각하면 마음에 큰 부담이 되지 않는다. 그런데 막연하게 8킬로그램 감량만 떠올리면 너무 부담스러워 시작도 전에 포기하고 만다. 목표를 세울 때는 부담스럽지 않게 쪼개고 나눠서 세분화해 보자.

두 번째, 목표를 수치화하자.

목표를 세울 때 막연하게 영어공부하기, 운동하기, 다이어트하기, 금주 등으로 정하면 나만의 다짐으로 끝나기 쉽다. 명확한 지표가 없다 보니 매일 하루 이틀, 차일피일 미루고 미루다 '다음에 하지 뭐.' 이렇게 끝나 버리기 쉽다. 그러니 목표를 정할 때는 이렇게 수치화를 해 보자. '일주일에 3일은 꼭 5킬로미터 이상 달리기', '한 달 내 3킬로그램 감량하기', '하루에 한 시간은 무조건 영어 공부하기'처럼 똑같은 목표라도 숫자가 들어간 것만으로도 목표에 대한 기대치는 달라진다. 무엇보다 수치화하면 자신이 어느 정도 목표를 달성하고 있는지 측정하기 쉽고, 스스로에게 동기부여가 될 수 있다. 물론 어떤 이는 '숫자만 채우는 것이 무슨 의미가 있나?'라고 반문할 수 있다. 그 말도 일부 옳다. 사람마다 의지와 열정이 다르니까. 하지만 수치화만으로도 마음가짐은 달라진다. 무엇보다 전혀 안 하는 것보다는 숫자라도 채우는 편이 훨씬 낫다.

세 번째, 목표를 시각화하자.

목표가 생기면 머릿속으로 생각만 하는 것이 아니라 시각화 작업이 필요하다. 목표를 분명히 정했어도 글로 정리해 두지 않으면 기억에서 점점 잊히게 마련이다. 시간이 흐르면 어느새 흐지부지되고, 원래 가고자 하는 방향을 잃게 된다. 그러니 목표는 글이나 그림으로 간략하게 정리해 두자. 그것을 일상생활 중 자주 접하는 장소에 붙여 두자. 나는 목표를 세우면 글로 적어서 책상 앞, 핸드폰 배경화면, 지갑 등 눈에 잘 보이는 곳에 둔다. 그 목표를 볼 때면 마음속에서 계속 상기된다. 그러면 잠재의식 속에서 목표를 이룰 수 있는 행동을 하게 된다.

네 번째, 작은 목표부터 세우자.

목표는 작은 걸 한번 이루고 나면, 그 이루는 맛에 중독이 되고 습관이 된다. 하지만 처음부터 너무 높은 단계로 설정하면 지친다. 자기가 가볍게 도전해 볼 수 있는 수준에서 차츰 올려 가야 한다. 이제 막 걸음마를 뗀 주제에 육상 선수처럼 뛰려 하면 될까? 겨우 바이엘을 끝낸 사람이 피아니스트처럼 피아노를 치려면 칠 수 있을까? 목표로 잡는 것은 좋지만, 단번에 그렇게 될 수는 없다.

돈을 버는 것도 마찬가지다. 처음부터 큰돈을 벌기란 쉽지 않다. 작은 돈부터 벌 수 있는 방법을 익혀야 한다. 한 달에 1,000만 원을 벌고 싶은 사람이라면 한 달에 100만 원 버는 방법을 알고 있어야 한다. 거기서 어떻게 더 벌 것인지를 고민해야 한다. 많은 사람이 수백, 수천억 자산가의 강의나 도서에 열광한다. 그런 모습을 볼 때마다 너무 안타깝다. 지금 당장 수중에 1억도 없는데 그들의 노하우가 얼마나 큰 도움이 될까? 수천억 자산가들은 돈을 버는 구조가 다르다. 그들만의 리그가 이미 따로 존재하니까.

내게 현재 1억이 없다면 1억을 버는 사람들의 노하우를 배우고 익혀야 한다. 그러면 1억을 벌 수 있다. 그렇게 1억을 모았다면 다시 10억을 목표로 하자. 10억을 모았다면 이후 100억을 목표로 달려가는 것이다. 그런데 우리는 처음부터 무작정 100억을 벌고 싶어 한다. 그래서 중도에 대부분 포기하는 것이다. 현재 자신의 수준에서 이룰 수 있는 작은 목표부터 세워 보자. 큰 목표를 달성하기 위해서는 먼저 달성해야 할 작은 목표들이 있다. 작은 목표를 단계적으로 이루어 가면 큰 목표도 이룰 수 있는 법이다.

놀깨형이 건네는 한마디

- 천 리 길도 한 걸음부터. — 속담
- 10억을 모으려는 자, 100만 원부터 모을지어다. — 놀깨형

당신의 명언

---

3. 적절한 무기 찾기

절실한 마음도 가졌고, 목표도 세웠다. 이제는 적절한 무기를 찾아야 한다. 밥을 먹기 위해서는 삽이 아니라 숟가락이 필요한 것처럼 성장에 필요한 나만의 무기를 찾자. 삽으로 밥을 먹으려 해서는 안 되듯, 자신이 가진 장점을 가장 잘 살릴 수 있으면서 효율적인 무기를 찾아보자.

▶ 좋아하는 일 vs. 잘하는 일

무기를 찾을 때 가장 확실한 길은 자신이 잘하는 일을 하는 거다. 즉, 자신이 잘할 수 있는 일과 할 수 없는 일을 빨리 구별해야 한다. 영화 평론가는 남이 제작한 영화에 대해서는 이렇다 저렇다 신랄하게 평가한다. 하지만 막상 자신이 영화를 제작하면 어떨까? 매우 높은 확률로 망한다. 무능해서가 아니라 그 사람은 만드는 일보다 평가하는 일을 잘하는 것일 뿐이다. 그러니 잘하는 일을 하면 된다. 정리정돈을 잘하면 그쪽 전문가가 되고, 물맛을 잘 알면 물 소믈리에에 도전해 보거나 관련 일을 하면 된다.

꼭 당부하고 싶은 것이 있다. 좋아하는 일보다 잘하는 일을 하자. 자전거 타는 것을 좋아한다고 자전거 판매점을 차렸는데 수익이 나지 않으면 우울해진다. 자전거를 타고 싶은 마음도 사라진다. 반면 자신이 직장에서 인정받고, 취미로 동호회에 가입해 자전거를 타면 행복해진다. 또, 요가를 좋아한다고 해서 덜컥 요가 학원을 차리면 어떨까? 마음수련은커녕 자칫 인생이 우울해질 수 있다. 좋아하는 일과 잘하는 일은 엄연히 다르다. 두 가지가 일치하면 가장 좋겠지만 그런 일은 정말 드물다. 그러니 먼저 자신이 잘하는 일에서 인정을 받은 후, 좋아하는 일을 하자.

간혹 자신이 뭘 잘하는지 모르겠다는 사람이 있다. 아직 세상 경험이 부족하고, 나이가 어린 친구들은 이런 고민을 할 수 있다. 이럴 때는 나를 객관적으로 볼 수 있는 사람들에게 조언을 구하자. 내면의 나는 스스로를 어느 정도 알고 있다. 하지만 밖으로 보이는 나는 정확하게 보기가 어렵다. 이때는 나에게 진실하게 조언을 해 줄 수 있는 주변 사람들에게 물어야 한다.

"네가 볼 때 나는 뭘 잘하는 것 같아?"

그러면 상대가 답할 것이다. 주변인들에게 물어보면 자신에 대해서 좀 더 확실히 알 수 있다. 만약 내 주변에 피드백해 줄 사람조차 없다면? 실망할 필요 없다. 남들이 좋아하는 사람이 되면 된다. 내가 뭘 했을 때 남들이 제일 좋아해 주는지 생각해 보자. 바로 그 일을 하면 된다.

놀깨형이 건네는 한마디

- 자신을 내보여라. 그러면 재능이 드러날 것이다. − 발타사르 그라시안
- 뭘 해야 할지 모르겠거든 잘하는 것부터 해라.
  잘하는 것이 재능이다. − 놀깨형

당신의 명언

----

4. 실현 방법 찾기

이제 기본적인 준비는 끝났다. 지금부터는 구체적으로 무엇을 할 것인지를 알아보자. 머리를 쓰고 동시에 몸을 움직여야 하는 단계다.

▸ '어떻게'를 늘 떠올리자

목표를 세웠다면 이제 이를 실행해 줄 수 있는 방법을 찾아야 한다. 목표는 혼자 저절로 이루어지는 것이 아니다. 어떻게 어떤 방법으로 달성할 수 있을지 방법을 찾자. 나에게는 아주 오래전부터 항상 습관처럼 외치는 것이 하나 있다. 바로 '어떻게 하면'이라는 말이다. 어떻게 하면 일을 잘할수 있을까? 어떻게 하면 빨리 배달할 수 있을까? 어떻게 하면 능률을 올릴 수 있을까? 어떻게 하면 시간을 단축할 수 있을까? 돈을 벌 때도 공부를 할 때도 여행을 가서도 항상 머릿속에 '어떻게 하면'을 떠올린다. 끊임없이 '어떻게 하면'이라는 질문을 던진다. 그러면 신기하게도 문제를 해결할수 있는 방법을 찾을 수 있다.

▸ 최고의 전문가에게 배우기

나는 어떤 일을 배울 때 그 분야의 최고의 전문가를 찾아서 인정받을 때까지 배운다. 시행착오를 최소화하기 위해서이다. 물론 혼자서 배우고 익히면서도 하나 둘 깨우칠 수 있다. 하지만 그러기에는 너무 많은 시간과 비용이 소요된다. 반대로 처음부터 전문가에게 배우면 내가 치러야 할 기회비용을 많이 줄일 수 있다.

만약 칼국수 장사로 돈을 벌고 싶다면 먼저 칼국수 장사로 유명한 식당을 찾아야 한다. 가장 맛있다는 식당, 손님들이 많은 식당들은 이유가 있을 것이다. 잘나가는 식당 중 누가 잘하는지, 왜 잘하는지, 그들이 어떻게 돈을 버는지, 그 방법을 배워야 한다. 경제적인 여유가 된다면 돈을 지불하고, 그게 어렵다면 어떤 방법이든 대가를 치르고 배워야 한다. 배움에 투자하는 것이라면 빚이라도 내야 한다.

다만, 최고의 전문가를 찾을 때도 요령이 있다. 자신과 맞는 사람을 찾아야 한다. 사람은 누구나 자신과 에너지가 맞는 사람이 따로 있다. 예를 들어 운동을 배우기 위해 PT 선생님을 찾을 때도 자신과 맞는 사람은 따로 있다. 유명한 선생님이라고 해서 나에게도 좋은 선생님일까? 누군가에게는 최고의 선생님일 수 있지만 나에게는 그저 그런 선생님일 수도 있다. 유명한 것보다는 내 몸 상태를 정확하게 파악하고, 나에게 최적화된 운동법을 지도해 줄 수 있는 선생님을 찾아야 한다.

전문가를 찾을 때도 마찬가지다. 전문가도 저마다의 성향이 있고 스타일이 다르다. 그중 자신과 맞는 전문가를 찾아야 한다. 과거에 내가 야채장사 일을 배울 때였다. 우리나라에서 야채를 가장 잘 안다는 전문가 다섯 명을 선정했다. 마음속으로 1번부터 5번으로 정하고 계속 그분들을 쫓아다녔다. 누가 나와 색깔이 맞는지 알 수 없으니 직접 만나 경험을 해 보는 것이다. 1번 스승님은 욕도 하고 때리기도 하는 혹독한 분이었다. 2번 스승님은 매우 인자하고 좋은 분으로 종교인과 같은 성향이었다. 3번 스승님은 폭군도 종교인도 아닌 중도에 가까운 분이었다. 그렇게 다섯 명을 만나 보니 저마다 특징이 있었다. 그중 나와 성향이 맞는 사람은 뜻밖에 1번이었다. 나는 무슨 일이든 혹독하게 배워야 빨리 습득하는 성향이라 일부러 혹독한 스승을 선택했다.

▸ 만나는 사람 바꾸기

목표를 이룰 때 꼭 잊지 말아야 점이 또 있다. 바로 자신이 주로 어울리는 사람을 점검해 보는 것이다. 사람이란 자신이 어울리는 동료나 환경에 영향을 받는 법이다. 유유상종이라 하지 않던가. 자신과 비슷한 사람끼리 저절로 모이게 되어 있다. 이루고 싶은 목표가 있다면 내 주변을 목표가 있는 사람으로 채워야 한다.

목표가 있는 사람들끼리 모이면 사용하는 언어도 다르다. 이들은 서로에게 "너는 할 수 있어.", "우리는 이룰 수 있어.", "넌 무조건 해낼 거야."라며 서로를 격려해 준다. 힘을 주는 밝고 긍정적인 단어를 주로 쓴다.

하지만 목표가 없는 무리에 들어가면 어떨까? 그들이 사용하는 단어를 가만히 들여다보자. "너는 절대 안 돼.", "네가 어떻게 10억을 벌어.", "열심히 해도 안 돼.", "네 주제에 무슨 그런 일을 한다고…." 서로를 비난하고 무시하기 바쁘다.

부정적이고 패배주의적인 단어투성이다. 애써 다잡은 목표도 어느새 흐지부지해지고 패배주의에 빠져 지낸다.

근묵자흑, 근주자적, 유유상종. 어울리는 사람에게 영향을 받을 수밖에 없으니 닮고 싶은 사람과 어울리자.

그런 사람을 찾으려면 교육장으로 가자. 교육장에는 대개 자신만의 꿈과 목표가 있고, 배우려는 열정이 있는 사람들이 모여 있다. 그들과 어울리면 내 생각과 행동도 그들과 비슷해지기 마련이다. 또한 '나도 할 수 있다'라는 자신감이 생긴다. 그들과 함께 노를 저어 가면 목표 공동체를 이룰 수 있다. 그러니 최대한 그들과 함께하는 시간을 늘려 가야 한다. 성장은 나 스스로 이루기도 하지만 다른 사람들에 의해 알게 모르게 이루어지기도 한다. 그들과 어울리며 내 생각과 행동도 그들과 비슷해지기 마련이다. 만나는 사람을 바꿔야 목표도 이룰 수 있고, 인생도 성장할 수 있다.

놀깨형이 건네는 한마디

- Birds of a feather flock together.
  (같은 깃털을 가진 새들이 모인다: 끼리끼리 모인다) **– 서양 속담**
- 최고와 최저만 경험하면 나머지는 경험하지 않아도 된다. **– 놀깨형**

당신의 명언

----

5. 행동하기

머릿속으로는 누구나 대작가요, 워렌 버핏이다. 생각이나 말로는 못 할 것이 없다. 그러나 진짜 성공하고 성장하는 사람은 바로 행동하는 사람이다. 지금 당장 문을 열고 나가자.

‣ 세상에 존재하는 세 가지 할 일

세상에는 세 가지 할 일이 있다. 내가 할 일, 상대방이 할 일, 하늘이 할 일. 누군가를 만나고 싶어서 만남을 청하는 것은 '내가 할 일'이다. 내 청을 받아들일지 말지를 결정하는 것은 '상대방이 할 일'이다. 그런데 우리는 상대방의 일까지 고민한다.

'혹시 만나 주지 않으면 어떡하지?'

내 부탁을 들어줄지 말지 정하는 것은 상대방이 할 일이다. 그러니 배우고 싶은 전문가가 있다면 망설이지 말고 찾아가서 만남을 청해야 한다. 목마른 사람이 우물을 찾는 것이다. 지금도 나는 장사를 배우고 싶다면 얼마든지 도와줄수 있다. 하지만 사람들이 찾아오지 않는다. 목마른 사람이 별로 없는 모양이다. 행동하지 않는 사람이 너무 많다.

물론 내가 만남을 청했는데 상대방이 만나 주지 않을 수 있다. 그러면 포기해야 하나? 내 좌우명은 '즉시, 반드시, 될 때까지'이다. 만나 줄 때까지 계속 찾아가자. 오래전 수박에 대해 배울 때였다. 국내에서 내로라하는 전문가를 찾아가서 무작정 제자로 받아 달라 했다. 결과는 당연히 거절이었다.

"내가 너를 언제 봤다고? 무슨 제자야!"

하지만 그때부터 계속 그분을 쫓아다니면서 매달렸다. 그

분이 가는 곳이라면 어디든 따라갔다. 화장실을 가면 나도 따라갔다. 나중에는 꼭 제자가 되고 싶은 이유 세 가지를 말하라고 하셨다.

"최고에게 배우고 싶습니다."

"최고의 장사꾼이 되고 싶습니다."

"너무 너무 절실합니다."

끝까지 찾아가서 매달리자 근성을 높이 평가해 주었다. 그렇게 나에게 마음의 문을 열어 주었고 제자가 될 수 있었다.

▶ '아는 것'이 힘이 아니라 '행동하는 것'이 힘이다

드디어 내가 만나고 싶은 전문가를 만났다면 어떻게 해야 할까?

그의 가르침을 열심히 따르고 실천해야 한다. 무엇보다 머릿속 지식으로 끝나서는 안 된다. 하나라도 실천을 해야 한다. 그래야 또 다음 것을 알려 줄 것이 아닌가. 많은 것을 아는 것보다 하나라도 제대로 배워서 실행하는 것이 중요하다. 아는 것이 힘이 아니라 '행동'하는 것이 힘이다.

많은 사람이 전문가의 노하우를 얻기 위해 책이나 강연을 열심히 찾는다. 좋은 책, 좋은 강연들은 상대의 노하우를 단시간에 얻을 수 있는 효과적인 방법이다. 어떤 책이 나에게 맞는지 모를 때는 다양하게 읽은 후 한 권을 찾아내야 한다. 그 한 권을 100번, 1,000번 반복해서 읽는 것이다. 마치 참고서처럼. 그런 후 저자의 가르침대로 실천하고 행동해야 한다. 그래야 진정한 내 것이 될 수 있다.

강연을 들을 때도 마찬가지다. 여러 강연자의 이야기를 다양한 관점에서 듣는 것도 좋다. 하지만 여기저기 습관처럼 강연만 찾아다니는 사람이 있다. 우스갯소리로 이런 분들을 강연 틱이라고 한다. 계속 쫓아다니지 말고, 들었으면 하나라도 내 것으로 만들어야 한다. 책을 많이 읽는다고, 강연을 많이 듣는다고 성장할 수 있을까? 그렇다면 그들이 세상을 이끌어야 한다. 하지만 현실은 어떤가. 책을 너무 많이 읽으면 헛똑똑이가 되고, 강의도 많이 듣다 보면 강사를 평가한다. 책이든 강의든 많이 읽고 듣기만 하기보다는 하나라도 내 것으로 만들 때까지 행동해야 한다. 결국 내가 행동해야 진정으로 배울 수 있고 행동해야 얻을 수 있다.

어떤 사람이 신에게 간절히 기도했다.

"신이여! 제발 로또 한 번만 당첨되게 해 주십시오!"

그는 간절히 기도했지만, 끝내 로또에 당첨되지 못한 채 죽어서 신 앞에 섰다. 그가 신에게 따지듯 물었다.

"신이여! 제가 그렇게 간절히 기도했는데 왜 단 한 번도 로또에 당첨되지 않은 겁니까?"

그러자 신이 측은하다는 표정으로 그에게 대답했다.

"애야, 나도 널 로또에 당첨시켜 주려고 무척 기다렸단다. 그런데 네가 단 한 번도 복권을 산 적이 없지 않니?"

▸ 행동하지 않는 이유=버려야 할 것

이제 우리는 행동의 중요성을 잘 알고 있다. 그럼에도 머뭇거릴 때가 많다. 왜 행동하지 않을까?

첫 번째는 두려움 때문이다.

기존의 익숙한 것에서 벗어나 새로운 환경, 새로운 습관을 가지기란 쉽지 않다. 경험하지 않은 것에 대해서 우리는 본능적으로 두려움을 느낀다. 생전 타 본 적 없는 놀이기구 앞에 섰을 때를 떠올려 보자.

도무지 어떻게 작동하는지 짐작조차 되지 않는 최신형 놀이기구다. 이런 경우, 많은 사람은 아마 두려움을 느낄 것이다.

이미 타 본 적이 있고, 작동 원리를 알고 있다면 짐작할 수 있으니까 두려움보다는 즐거움이 앞설 수 있다. 그런데 아무리 봐도 도대체 어떻게 움직이는 것인지 알 수가 없다. 두려움을 느낄 수밖에 없다. 그런데 인생에서 맞닥뜨리는 대부분의 사건 사고가 이런 최신형 놀이기구를 마주했을 때와 비슷하다. 테마파크의 놀이기구는 내 선택에 따라 타지 않을 자유가 있다. 그러나 인생이라는 테마파크에서는 그럴 수 없다. 일단 들어왔으니 타 봐야 한다. 처음 타 보는 것이므로 때로는 두렵고 피하고 싶어진다. 하지만, 피해서는 안 된다. 다음 순서로 바꿀 수도 있지만, 결국에는 타 봐야 한다. 막상 경험해 보면 별것 아닐 수도 있는데 그저 처음이라 두려워하는 것일 수 있다. 그거 탄다고 죽지 않는다. 진짜 비참한 것은 그 모든 순서를 뒤로 미루고 미루다 결국 미룰 수 없어질 때쯤 늙고 더는 기운도 없는데 할 수 없이 타다가 즐기지 못하게 되는 것이다. 그럴 바에야 조금이라도 젊을 때 나의 의지로 선택하여 경험하자. 두려움. 직접 부딪쳐 보면 별거 아니다.

두 번째는 자신과 타협하기 때문이다.

우리는 지금 무엇을 해야 할지 알고 있다. 하지만 어렵고 힘들기에 자꾸 미루고 도망친다. 즉, 자신과 타협하는 것이다. 왜 사람들이 목표를 이루지 못할까? 결국 목표와 타협하기 때문이다. 예를 들어 다이어트가 목표라면 운동을 하고 적게 먹어야 한다. 금연이 목표라면 당장 담배를 끊어야 한다. 또 커피를 끊고 싶다면 지금 당장 이 순간 끊어야 한다.

하지만 사람들은 자꾸 미루고 도망친다. 오늘만 커피 마시자, 담배 오늘까지만 피우고 내일부터 끊자, 오늘 하루만 먹자. 오늘 하루만, 오늘 하루만. 이렇게 오늘 하루만을 외치며 끝내 행동하지 않는다. 타협도 자꾸 하면 습관이 된다. 그렇게 한 번, 두 번 타협하다 보면 평생 타협하는 인생으로 끝난다. 그러니 자신과 타협하지 말고 최선을 다해 움직여야 한다.

사람이 성장하는 원리는 사실 간단하다. '방법을 찾는다, 그리고 행동한다.' 이 루틴의 반복이다.

하려는 자는 방법을 찾고, 하지 않으려는 자는 구실을 찾는다고 한다. 성장하려는 자는 방법을 찾고 행동한다. 머물러 있는 사람은 머뭇거리고 핑계를 찾으며 자꾸 타협을 한다. 성장은 그냥 주어지지 않는다. 성장은 행동하는 사람의 '몫'이다. 행동하지 않으면 아무 일도 일어나지 않는다. 행동해야 진정한 성장을 경험할 수 있다.

놀깨형이 건네는 한마디

- 행동은 모든 성공의 가장 기초적인 핵심이다. — **파블로 피카소**
- 즉시, 반드시, 될 때까지. — **놀깨형**

당신의 명언

- -

- -

6. 피드백 받기

목표를 향해 달려가다 보면 가끔 이런 의구심이 들 때가 있다.

'내가 가고 있는 방향이 맞나? 제대로 가고 있는 건가? 내가 놓치는 부분은 없나?'

다들 이런 경험이 있을 것이다. 이때 자신을 스스로 점검하고 고쳐 갈 수 있으면 좋으련만.

아쉽게도 우리는 스스로를 객관적으로 보기가 쉽지 않다. 이럴 때 경험이든 실력이든 나보다 더 뛰어난 사람이 점검해 주면 도움이 될 수 있다. 제일 좋은 것은 스승이나 멘토에게 피드백을 받는 것이다.

▸ 피드백 줄 사람을 찾자

기업은 고객의 피드백으로 성장한다는 말이 있다. 우리의 삶 역시 스승이나 전문가에게 지금 제대로 가고 있는지, 잘못된 방향으로 가고 있지는 않은지 피드백을 받아야 한다. 누군가 옆에서 피드백해 주지 않으면 자신의 마음대로 생각하고 행동한다. 무엇이 잘못되었는지도 모른 채 똑같은 행동을 한 달, 두 달, 1년, 2년… 그렇게 매일 반복하며 살아간다.

흔히들 어떤 분야에 1만 시간을 투자하면 전문가가 된다고 한다. 하지만 정말 그럴까? 사실 어떤 업계든 1만 시간을 채운 사람은 적지 않다. 그런데도 최고가 되지 못하는 예가 더 많다. 왜일까? 피드백이 없기 때문이다. 항상 하던 그대로 1만 시간을 채우면 그건 단순반복일 뿐이다. 1학년을 6년 다닌다고 6학년이 되나? 여전히 1학년이다. 피드백을 받지 못하면 평생 발전도 없고 성장도 요원하다.

장사하는 사람도 마찬가지다. 의욕적으로 장사를 시작했지만 하다 보면 안 될 때가 많다. 그럴 때는 그 분야에서 제일 잘하는 사람에게 조언을 구해야 한다. 친분이 없다면 대가를 지불해서라도 피드백을 받아야 한다. 컨설턴트를 만나는 것도 좋다. 제일 좋은 건, 진짜로 운영하는 사람, 혹은 스승에게 물어야 한다. 그런데 간혹 스스로 답을 찾으려는 사람이 있다. '나는 달라. 우리 가게는 특별해.'라고 착각한다. 스스로 답을 찾을 정도라면 장사가 어려워지는 일도 없었을 것이다. 그러니 잘못된 신념에 사로잡히지 말고, 비용을 지불해서라도 전문가에게 도움을 청해야 한다. 작은 비용을 아끼려다 나중에 더 큰 비용을 지불할 수 있다.

▸ 피드백 과정에서 가장 중요한 것

피드백을 요청했다면 한 가지 유념해야 할 사항이 있다. 바로 나 스스로 피드백을 온전히 받아들일 준비가 되어 있는지 점검해야 한다. 사람은 본능적으로 조언을 받는 걸 꺼린다. 쉽게 말해 누군가 나에게 싫은 소리를 하면 듣고 싶어 하지 않는다는 거다. 하지만 성장하는 사람은 이 본능을 억누르고 자제한다. 그들은 누군가 피드백해 주면 열린 마음으로 최대한 받아들인다. 피드백을 자신의 부족함을 알려주는 지표라 여기고, 밑거름으로 삼아 고치려 애를 쓴다.

하지만 성장할 마음이 없는 사람은 조언을 해 주면 오히려 화를 내고 기분 나빠한다. '자기가 잘났으면 얼마나 잘났어.' 이런 생각이 가득 차 있다. 그러니 조언이 들어올 틈이 없다. 이런 사람들은 절대 현재보다 나아질 수 없다. 오히려 더 낙오된다. 상대 역시 그런 이들에게는 더 이상 피드백을 하지 않는다.

나에게는 세 명의 제자들이 있다. 그들에게 이런 저런 미션을 내준 후 꼭 피드백을 한다.

"이것도 좋은데 생각을 1도만 바꾸면 다른 시각으로 볼 수 있어. 조금만 더 생각해 보자."

"이번 일 정말 잘했어. 그런데 이만큼 하는 사람들은 세상에 많아. 좀 더 나아지려면 좀 더 어떻게 해야 할까? 어떻게 하면 더 좋아질까? 1도만 바꾸면 돼."

그들은 내 피드백에 대해서 언제나 긍정적으로 받아들이고, 부족한 부분을 채워 나가려고 애쓴다.

성장하고 싶어서 왔기 때문이다. 내가 해 준 말들을 받아들이고 자신의 행동을 바꾼다.

나 역시 가까운 주변 사람들에게 항상 조언을 구한다.

"형님, 제가 지금보다 나아지려면 어떤 것들을 바꾸면 좋을까요."

"네가 보기엔 내게 어떤 점이 부족한 것 같으니?"

그러면 선후배들이 이런 저런 아쉬운 부분들에 대해 이야기해 준다. 그 조언들이 너무 고맙다. 전혀 기분이 나쁘지 않다. 나는 성장하고 싶기 때문이다.

성장은 끊임없는 피드백의 연속이다. 항상 피드백을 받겠다는 마음과 편견 없이 받아들이는 열린 태도, 그리고 피드백을 발판으로 성장하겠다는 마음이 중요하다.

간혹 어떤 이들은 말한다. 주변에 진심으로 조언을 해 주는 사람이 아무도 없다고.

왜일까? 그건 상대방이 나에게 신뢰를 느끼지 못하기 때문이다. 진심 어린 조언도 나에 대한 신뢰를 느껴야 가능하다. 상대가 나에게 조언을 하고 싶어도 혹시 기분이 상하지는 않을까? 관계가 어색해지는 건 아닐까? 이런 걱정이 들면 조언을 꺼린다. 반대로 어떤 말을 해도 내가 잘 받아들일 거라는 확신이 상대에게 있으면 진심으로 조언을 할 수 있다. 즉, 나에 대한 신뢰가 있어야 상대가 조언도 할 수 있다. 만약 여러분의 인생에서 냉철한 조언이 사라진다면 그건 위험이 시작되는 징조다. 인생을 끝없이 성장하려면 다른 사람의 냉철한 직언이 필요하다.

▶ 절대로 포기하지 말기

그런가 하면 간혹 피드백을 받는 과정에서 포기하는 사람들도 있다. 하지만 어떤 일이든 결과를 얻기 위해서는 임계점에 닿기까지 기다려야 한다. 무슨 일이든 임계점을 넘어야 결과가 나온다. 그때까지는 끈기를 가지고 기다릴 수 있어야 한다. 어떤 운동이나 공부의 결과도 정비례 직선을 그리지 않는다. 일정 시간은 겉으로 드러나는 변화가 없다가 계단식으로 한 번씩 뛰어 오르며 한 단계씩 성장하는 법이다.

내게 목표가 있다면 어떤 상황에서도 포기하지 않고 버티는 끈기가 필요하다. 전문가가 나에게 피드백을 해 줄 때는 나의 끈기를 보는 것도 있다. 미션을 잘 수행하는지, 잘 따라오는지, 안 보는 것 같아도 유심히 살핀다. 미션을 수행하지 못하면 무슨 근거로 나를 도와줄 수 있을까. 학교에서도 선생님이 내준 숙제를 잘하는 친구들이 공부를 잘한다. 숙제를 해 오지 않는 학생이 공부를 잘하기는 어렵다. 그러니 과정이 쉽지 않더라도 자신의 길을 끈기 있게 걸어가야 한다.

물론 무슨 일이든 중간에 그만두고 싶고, 미치도록 하기 싫을 때가 있다. 그 순간이 오면 〈10m만 뛰어 봐〉라는 책 제목처럼 10m만 더 뛰면 된다. 정말 포기하고 싶은 그 순간 딱 10미터만 더, 한 번만 더 해 보는 것이다. 그 한 번이 반복되면 어느새 목표 근처에 도달해 있다. 그러니 지금 이 순간이 힘들다고 포기하지 말자. 성공의 반대말은 실패가 아니라, 포기다. 포기하니까 이룰 수 없는 것이다.

놀깨형이 건네는 한마디

- 성공은 포기하기 바로 직전의 순간에 찾아온다. — 하버트 헤버
- 모든 일은 임계점을 지나야 결과가 나타난다. — 놀깨형

당신의 명언

----

7. Enjoy & Rest

그동안 나는 많은 사람에게 장사를 가르쳐 보았다. 끝까지

잘 배워서 자신의 점포를 차려 독립하는 사람도 있었다. 반면 중간에 포기하고 낙오하는 사람도 있었다. 사실 대부분의 사람은 후자다. 왜일까? 바로 일을 즐기지도 못하면서 결과는 빨리 얻고 싶어서 조급증을 내기 때문이다.

성장하는 사람은 그러지 못하는 사람과 다른 마인드를 가지고 있다. 바로 자신이 하는 일을 즐긴다는 것이다. 똑같은 일을 하는데도 즐기는 사람과 즐기지 못하는 사람이 있다. 누구에게나 매일 아침에 일찍 일어나 일하러 가는 것은 힘들다. 그런데 어떤 이는 오늘 무슨 일이 벌어질까? 오늘은 어떤 새로운 일이 생길까? 설레는 마음으로 하루를 시작한다. 반대로 돈을 벌기 위해 어쩔 수 없다며 도살장 끌려가는 소 같은 표정으로 하루를 시작하는 사람도 있다. 자신의 일을 즐기는 사람과 그러지 못하는 사람은 출발점부터 다르다. '즐기는 사람이 진정한 일류'라는 말이 있다. 어차피 해야 할 일이라면 즐기자!

인생은 단거리 경주가 아니다. 장거리 마라톤이다. 그 과정을 즐기지 못하면 결코 오래 달릴 수 없다. 목표를 향해 달려가는 과정은 결코 짧지도 않고 쉽지도 않다. 목표를 향해 나아가는 과정을 즐겨야 한다. 즐기지 못하면 중간에 포기하게 된다. 그리고 과정에서 중간 중간 자신만의 쉼을 주자. 그래야 오랫동안 지치지 않고 끝까지 완주할 수 있다.

▶ 과정 즐기기

사람들은 묻는다. 어떻게 27년 동안 야채장사를 할 수 있었느냐고.

"원래 인생은 무슨 일을 하든지 미친 듯이 즐겨야 해."

한마디로 내 삶의 모토는 '인생을 즐기자'이다. 일을 하든 공부를 하든 무슨 일이든 즐기자는 생각으로 살아왔다. 오랜 시간 동안 야채장사를 지치지 않고 할 수 있었던 이유는 일을 즐기고 사랑했기 때문이다. 새벽시장에서 물건을 구매할 때도, 손님들과 대화할 때도, 매장에서 목청껏 외칠 때도 항상 즐거웠다. 만약 즐기지 못했다면 1년도 버티지 못했을 것이다.

물론 사람은 기계가 아니니 항상 즐거울 수는 없다. 다만 즐겁지 않아도 일부러라도 즐거운 모습을 할 뿐이었다. 예전에 총각네 매장은 에너지 넘치는 분위기로 유명했다. "어떻게 항상 그런 상태를 유지하세요?"라는 질문을 자주 받았다. 당시 나는 철저히 광대가 되지 못하면 장사꾼도 되지 못한다고 생각했다. 새벽에 집 계단을 걸어 내려오며 "나는 광대다."라고 끊임없이 되뇌었다. 즐겁지 않은 순간에도 스스로 즐기려고 노력했다. 나뿐만 아니라 모든 구성원이 같은 마음으로 일을 즐겼기에 에너지 넘치는 상태를 유지할 수 있었다.

지금도 여러 일을 하고 있지만, 무슨 일을 하든 첫 번째 원칙은 '일을 즐기자'이다. 과일 정기배송 서비스를 시작하고 얼마 되지 않았을 때였다. 과일을 구매하는 일은 오랫동안 해 온 터라 수월했다. 반면 정기배송은 처음 도전하는 일이다 보니 여러 번 시행착오도 있었다. 하지만 힘들다는 생각보다 나, 이영석이라는 사람을 믿어 준 고객들에게 고마운 마음이 더 컸다. 무엇보다 사람들이 내가 고른 과일을 맛있게 먹는 상상을 하면 즐겁고 행복했다. 그 마음이 있기에 다시 힘을 내서 달릴 수 있는 것이다.

일을 즐기는 사람은 이미 성장한 사람이며, 앞으로 더 크게 성장할 수 있는 사람이라 나는 믿는다.

그러니 지금 자신이 하는 일을 최대한 즐길 수 있는 방법을 찾자.

▶ 지치지 않고 달리기 위한 쉼표

장사를 할 때 가장 중요한 것은 지치지 않는 것이다. 일주일 내내 장사에만 전력투구하면서 자기를 돌보지 않으면 고꾸라지기 쉽다. 일주일에 하루 정도는 꼭 쉬어 줘야 한다. 목표를 향해 달려갈 때도 적절한 쉼이 필요하다. 중간에 쉼이 없으면 금방 지치게 된다. 지쳐 쓰러지지 않으려면 꼭 쉬어 가는 시간이 필요하다. '쉼'이 없으면 결국엔 영원히 쉬게 된다.

다만, 쉴 때도 나에게 맞는 휴식 수단을 찾아야 한다. 저마다 몸과 마음에 활력을 불어넣는 방법은 다양하다. 음악 듣기, 여행 가기, 산에 오르기, 게임하기 등 저마다 다 다르다. 중요한 것은 자신만의 방법을 찾는 것이다. 나에게 맞지 않는 휴식을 취하면 그건 휴식이 아니다. 몸이 더 망가진다. 게임, 여행, 산책 등 정답은 없다. 아니, 모두 정답일 수 있다. 뭐가 됐든 자신만의 방법으로 휴식을 취하자.

나에게도 그동안 이런 저런 휴식 수단이 많았다. 젊은 시절부터 스킨 스쿠버, 승마, 패러글라이딩, 수영, MTB, 모터사이클 등 다양한 레포츠를 경험해 봤다. 그중 나에게 가장 적합한 휴식 수단은 모터사이클 타기였다.

장사를 하던 시절부터 일주일에 하루는 어떻게든 시간을 내서 사람들과 함께 모터사이클을 타고 경기도 외곽 지역을 돌곤 했다. 그렇게 타고 오면 몸과 마음에 에너지가 생긴다. 언젠가는 휴가를 아끼고 아껴서 외국에 나가 모터사이클을 타고 왔다. 지금도 시간이 될 때마다 모터사이클을 타는데 이때가 제일 행복하다. 그러면 신기하게 에너지가 생기고, 일에 더 집중할 수 있다. 기계를 오래 쓰려면 적절한 휴식과 정비가 필요하듯이 우리도 쉬어 가는 시간이 있어야 달릴 수 있다. 자신에게 맞는 휴식 수단을 꼭 만들어 보자.

놀깨형이 건네는 한마디

- 휴식은 게으름도 멈춤도 아니다. 휴식을 모르는 사람은 브레이크 없는 자동차 같아서 위험하기 짝이 없다. — 헨리 포드
- 나는 광대다. 광대는 늘 즐겁다. 광대는 늘 즐거워야 한다. — 놀깨형

당신의 명언

1. 절실한 마음 가지기

세상만사 마음먹기에서 시작된다. 세기의 발명품도 누군가의 마음속에서부터 비롯된 것이다.

마음만 먹어도 반은 한 셈이다. 밥만 먹지 말고 마음도 먹자.

2. 목표 세우기

목표는 도착지다. 명확한 목표를 세워야 올바른 코스를 걸을 수 있다.

목표를 세우는 요령.

① 목표를 세분화하자

큰 목표를 가지는 것은 좋지만, 그 큰 규모에 압도당하거나 질릴 수 있다. 그럴 땐 작게 나눠 보자. 1년에서 한 달, 한 달에서 1주, 1주에서 하루, 하루에서 한 시간… 나눌수록 실천 가능성이 높아진다.

② 목표를 수치화하자

글자보다 숫자가 구체적이다. '많이', '적게' 이런 두루뭉술한 단어가 아니라 '1시간', '30분' 등의 숫자로 목표량을 써 보자. 마음가짐이 달라진다.

③ 목표를 시각화하자

목표한 것을 가능한 한 그림이나, 글 등 눈으로 볼 수 있게 하자. 냉장고 문에 붙여도 좋고 휴대폰 바탕화면에 깔아 놓아도 좋다.

④ 작은 목표부터 세우자

최종 목표는 크더라도 당장 오늘 할 일은 작은 것으로 세우자. 일단은 성취감을 맛보는 게 우선이다. 한 시간이 모여 하루가 되고,

하루가 모여 한 달, 1년이 되는 법이다.

3. 적절한 무기 찾기

자신을 명확히 알자. 자신을 알아야 창업을 할 건지 취업을 할 건지 정할 수 있다. 내가 가진 무기가 무엇인지 스스로를 철저히 분석해 보자. 그런 후 좋아하는 일보다는 잘하는 일을 택하자. 잘하는 일에서 인정받은 후에 좋아하는 일로 옮겨가도 늦지 않다.

4. 실현 방법 찾기

① '어떻게'를 잊지 말자. 해결의 열쇠 이름은 '어떻게'이다.
② 최고의 전문가를 찾되 내게 맞는 사람을 찾자. 최고에게 배우면 절반만 배워도 남들보다 훨씬 잘할 수 있다.

> **TIP** ::: 최고를 만나고 싶지만, 자신의 주변에 전문가가 없다며 하소연하는 사람이 간혹 있다. 이럴 때는 자신의 주변에 인맥의 허브가 누가 있는지 보고 그 허브의 마음을 먼저 얻자. 그에게 일정 시간과 비용을 쏟다 보면 그를 통해 만날 수 있는 다른 네트워크가 열리고, 의외의 시간과 장소에서 당신이 만나고 싶었던 최고를 만날 수 있다.

③ 만나는 사람 바꾸기. 끼리끼리 모이는 법이다. 성공하려면 성공할 사람 무리에 들어가자.

5. 행동하기

① 세상에 존재하는 세 가지 일, 내가 할 일, 상대가 할 일, 하늘이 할 일. 이 중 우리가 신경 쓸 것은 '내가 할 일'뿐이다. 상대의 일이나 하늘이 할 일은 신경 끄자. 오로지 내가 할 수 있고 내가 해야 할 일만 하자.
② 아는 것과 행동하는 것은 별개다. 행동하는 것이 힘이다.
③ 행동하지 않는 이유=버려야 할 것
 - **두려움**: 막상 닥쳐 보면 별것 아닐 수 있다. 쫄지 말자!
 - **타협**: 적과의 타협보다 두려운 것이 자신과의 타협이다.

6. 피드백 받기

피드백 없는 시간 채우기는 단순반복에 불과하다.
① 좋은 스승이나 멘토를 찾아 피드백을 받자.
② 피드백에서 가장 중요한 것은 온전히 받아들이는 태도와 열린 마음이다.
③ 좋은 피드백을 받기 위한 전제조건은 바로 신뢰! 내가 피드백을 잘 받아들일 수 있는 사람이라는 확신을 주자.
④ 절대로, 절대로, 절대로 포기하지 말자. 성공은 임계점에 도달하는 순간 보이기 시작한다.

7. Enjoy & Rest

① 과정을 즐기자. 즐겁지 않으면 즐거운 척이라도 하자. 즐기는 것도 연습이 필요하다. 즐기는 사람은 이미 성장했거나 앞으로 더 크게 성장할 사람이다.
② 휴식은 반드시 필요하다. 스스로에게 가장 잘 맞는 휴식 수단을 꼭 찾자.

TIC KET

사노라면 테마파크에서 이것저것

— 프리패스를 가지고 있나요?

가 보신 분은 알겠지만, 대부분의 테마파크에는 '프리패스'라는 것이 있다. 프리패스권을 구입하면 보기에도 질릴 만큼 기나긴 줄을 서지 않고 비교적 빨리 원하는 놀이기구를 탈 수 있다.

문제는 이것이 꽤 고가라는 것. 저렴하다면 너도나도 프리패스를 구입할 것이고, 그러면 또 기나긴 줄을 서게 될 테니 프리패스의 의미가 퇴색된다. 고가인 게 이해는 된다. 하지만 나보다 늦게 온 사람이 프리패스권으로 먼저 놀이기구를 타는 모습을 보면 속이 쓰리다. 또 한 시간쯤 다리 아프게 줄을 선 아이의 칭얼거림을 듣고 있자면, '프리패스를 구입해 봐?' 하는 생각이 절로 든다.

인생도 마찬가지다. 누구는 날 때부터 프리패스를 손에 쥐고 있어 수월하게 즐기며 사는 반면, 다른 누군가는 어떤 일이든 오래 기다리고 고생을 해야 겨우 원하는 바를 이룰 수 있다.

이 책을 읽는 많은 이들이 프리패스를 쥐고 있지 못한 사람일 것이다. 프리패스를 쥐고 있지 않다고 뜻하는 바를 이루지 못하는 건 결코 아니다. 또 조금 시간이 들고 힘도 들지 모르지만, 하기에 따라 내 손으로 프리패스권을 거머쥘 수도 있다. 지금은 프리패스권을 쥐고 있지 못하더라도 발로 뛰어서 내 손으로 얻어 낼 것인지, 그것 없이 그냥 살던 대로 살 것인지 선택과 판단은 각자의 몫이다.

— 결국, 내가 경험해야 할 일

나는 10대 중반에 발병한 선천적인 척추분리증이라는 병을 갖고 있다. 30초에 1번씩 면도칼로 신경을 자르는 느낌인데 엄청나게 고통스럽다. 제대로 누워서 잠을 자 본 적이 없을 정도다. 남들처럼 누워서 편하게 자 보는 게 소원이다. 어떤 때는 너무 고통스러워 아버지를 원망하기도 했고, 수십 번 죽고 싶다고도 생각했다. 그러나 어느 순간부터 이 척추분리증 역시 내가 경험해야 할 것이라 여겼다.

'그래, 이 척추 아픈 거 내가 경험하면 되지. 받아들이자.'

그러자 신기하게도 똑같은 고통이지만 예전처럼 아프지 않았다.

2013년도에 심장 이상이 생겨 10시간에 걸친 대수술을 한 일이 있다. 생사가 달린 위험한 상황이었다. 수술 직전 아내는 몹시 걱정하고 슬퍼했다. 하지만 나는 밝게 웃으면서 입 벌리고 장난스럽게 사진을 찍기까지 했다. 그러면서 오히려 아내를 위로했다.

"지금 여기서 죽으면 이 또한 내가 경험해야 될 일인데, 뭐. 그렇게 슬퍼하지 말라고."

누군가는 괴짜라 생각할 수 있지만, 나는 죽음 또한 경험해야 할 일이라 여겼다. 그러자 마음이 한결 편해졌다.

2017년도에 온 세상이 나를 비난할 때는 많이 힘들고 고통스러웠다. 나도 사람인데 힘들지 않았다면 거짓말이다. 하지만 누구를 탓할 수가 없었다. 내 탓이었으니까. 이번에도 내가 경험해야 할 일이라 여기고 겸허하게 받아들였다. 나에게 왜 이런 일이 생겼을까 고민하며 괴로워하기보다 경험해야 할 일이라 생각하고 이겨 내기로 마음먹었다. 그런 중심이 있었기에 무너지지 않고 견딜 수 있었다.

인생을 살다 보면 수많은 사건사고들이 찾아온다. 때로는 너무 억울해서 세상 탓을 하며 원망하고 싶을 때도 있다. 하지만 왜 나한테만 이런 일이 생길까? 왜 나한테만 힘든 일이 생기는 걸까? 이렇게 생각하면 이겨 낼 수 없다. 대신 무슨 일이 찾아오든 '그래, 이건 내가 살면서 경험해야 될 일이야.' 이렇게 생각하면 힘들어도 헤쳐 나갈 수 있다. 지금도 주변에 힘들어하는 후배들이 있으면 힘내라 격려해 주면서 한마디 한다.

"다 경험해야 할 일들이다. 이겨 내자."

앞으로도 내 인생에는 크고 작은 고비들이 무수히 찾아올 것이다. 하지만 나는 이겨 낼 자신이 있다. 두렵지 않다. 나에게 찾아오는 그 어떤 일도 내가 경험하면 될 일이다. 그 모든 기다림과 경험이 나를 성장시켜 주고 단단하게 만들어 주니까!

1. 자기선택권, 성장의 프리패스권

가끔 내게 이런 질문을 던지는 친구들이 있다.

"형님, 저 취업을 할까? 창업을 할까요?"

내가 뭐라고 답할 수 있을까. 내 대답은 '너의 인생이니 스스로 결정해라'이다. 내가 다른 사람에게 취업해라, 창업해라… 무슨 자격으로 말할 수 있을까. 난 어떤 결정도 대신 해 줄 수 없다. 선택장애는 결코 신중한 게 아니다. 식당에서 메뉴 고를 때 선택장애인 사람은 정말 먹고 싶은 것을 먹지 못하게 되기도 한다. 인생의 메뉴를 고를 때에도 마찬가지다. 맛있는 메뉴를 고르든 맛없는 메뉴를 고르든 결과는 순전히 자신의 몫이다. 그리고 그 모든 것이 경험이며 성장이라는 저택을 이루는 벽돌 한 장이라는 건 잊지 말자.

▶ 선택이 곧 성장이다

인생은 늘 선택과 결정의 연속이다. 그 선택의 순간마다 스스로 선택하고 결정할 수 있어야 한다. 즉, 자기선택권이 있어야 한다. 스스로 결정하는 사람은 삶의 주인이 돼서 자신이 원하고 목적하는 바를 위해 열심히 달려간다. 설사 자신의 선택이 잘못되어 넘어지더라도 다시 일어나서 툭툭 털고 걸어간다. 이 넘어지고 일어서는 과정 하나하나가 또한 성장이다. 이것은 오롯이 자신의 것이다. 그 누구도 빼앗을 수 없다.

반면 스스로 선택하지 못하는 사람은 항상 누군가 대신 결정해 주기를 바란다. 그러니 매사 타인에게 의지하고, 타인의 결정에 끌려 다닌다. 이들은 일이 잘못되면 상대를 원망하고 비난한다. "너 때문에 이렇게 되었다."라며 책임을 회피한다. 사실 이것이 속은 편하다. 결정도 남이 해 주고, 실패해도 남을 탓하면 된다. 제 잘못은 하나도 없다. 그러나 이런 사람에게 그 어떤 발전을 기대할 수 있을까. 이런 자세로는 결코 앞으로 나아갈 수 없다. 성장은커녕 오히려 뒷걸음치는 인생이 된다.

왜 우리는 사소한 것조차 결정하지 못할까? 바로 어려서부터 선택권이 없는 환경에서 교육 받고 자랐기 때문이다. 부모는 아이들에게 많은 걸 보여 주고 스스로 결정하게 해야 한다. 하지만 우리는 모든 걸 부모가 선택해 준다. 아이가 스스로 선택하는 일이 거의 없다. 자기선택권을 무시해 버리는 것이다. 그런 환경 속에서 자라다 보니 아이들은 스스로 선택하는 일을 어색해한다. 학원에 가라면 가고, 캠프 가라면 가고, 부모님이 원하는 대학, 학과에 진학한다. 그러니 성인이 되어서 스스로 선택하고 결정하는 능력이 부족하고, 주체적으로 살아갈 힘을 잃은 채 자란다.

10년 전 출간한 책 〈인생에 변명하지 마라〉에서 이런 구절을 쓴 적이 있다. '가난하게 태어난 건 죄가 아니지만 가난하게 사는 건 죄'라고. 태어난 건 내가 선택할 수 없는 문제지만, 태어난 후 계속 가난하게 사는 건 나의 선택이다.

지금도 그 생각에는 변함이 없다.

우리 삶을 살아갈 때도 마찬가지다. 나는 앞서 성공이 아니라 성장하는 삶을 살아가자 말했다. 그렇다고 모든 사람이 나와 같은 방식으로 살아야 한다는 의미는 아니다. 강요나 억지에 의해서 할 수 있는 것도 아니다. 이 역시 자신의 선택이니까.

결국 내 인생을 책임지는 사람은 나다. 남의 인생을 책임져 줄 사람은 세상 어디에도 없다. 부모님도, 친구도, 누구도 내 삶을 대신 살아 주지 않는다. 자신의 삶은 100% 자신이 선택하고 책임져야 한다. 다른 사람이 선택해 준 삶은 내 것이 될 수 없다. 스스로 선택하고 그 선택에 대해 끝까지 책임질 수 있어야 한다. 이것이 비로소 성장하는 삶이다.

농부는 봄이 되면 자신의 밭에 씨앗을 뿌린다. 그러고 가을이 되면 열매를 거둔다. 얼마나 탐스러운 열매를 수확하느냐는 농부의 열정, 애정에 달려 있다. 사람의 인생도 자연의 이치에서 벗어나지 않는다. 내가 지금 어떤 선택을 하느냐에 따라서 미래의 내 모습이 결정된다.

▶ 생존이냐, 성장이냐

사람은 크게 두 가지 부류로 나눌 수 있다. '생존'하려는 사람, '성장'하려는 사람.

직장에서도 생존하려는 사람은 금방 알 수 있다. 그들은 승진을 하거나 몸값을 높여서 자신의 가치를 높이는 일에는 별로 관심이 없다. 월급 주는 만큼만 일한다는 생각으로 수입이 적더라도 만족하며 살아간다. 그렇다고 생존하는 사람의 방식이 결코 잘못되었다거나 나쁘다는 것이 아니다. 그 선택도 인정하고 존중받아야 마땅하다. 자신이 현재의 삶에 만족하면 지금처럼 살면 된다. 큰 변화 없이 평화롭고 안온하게 살 수 있다. 그것이 그의 선택이라면 최고의 선택일 수도 있다.

반면 성장하려는 사람은 지금 현재에 머무르지 않고 능력을 계속 키워 나간다. 자신의 가치를 높일 수 있는 방법을 고민하고 행동한다. 만약 지금 내가 일용직 노동을 한다고 하자. 목수 일을 배워서 가치를 높일 수 있고, 더 노력하면 목수 반장이 될 수도 있다. 그러면 지금보다 몇 배는 더 수입을 높일 수 있을 것이다. 직장에서도 성장하려는 사람은 현재 삶에 만족하지 않고 자격증을 취득하거나 몸값을 높이기 위해 부단히 노력한다. 지금 자신이 사원이지만 열심히 일해서 부장도 되고 사장도 되고 싶어 한다. 이들은 자신의 일에 열정을 가지고, 긍정적인 마음으로 새로운 일에 도전하는 것을 두려워하지 않는다.

만약 여러분이 어제와 다른 내일을 원한다면 지금 타고 있는 버스에서 다른 버스로 갈아타기를 권한다. 생존이 아닌 성장을 위한 버스로 갈아타야 한다. 물론 익숙해진 버스에서 새로운 버스로 갈아타는 것은 쉽지 않다. 용기가 필요하다. 그런데 용기는 누가 대신 내 줄 수 없다. 자신의 인생은 자기 스스로 결정하는 것이다. 새로운 버스를 갈아탈지, 그 버스에 계속 머무를 것인지는 여러분의 선택이다.

여러분은 어떤 삶을 살고 싶은가? 생존하는 삶을 살 것인지, 성장하는 삶을 살 것인지는 스스로가 결정하는 것이다. 그 누구도 결정해 줄 수 없다. 이것은 남의 인생이 아니라 내 인생이다. 내가 선택하고 내가 책임지며 살면 된다.

놀깨형이 건네는 한마디

- 미래를 예측하는 가장 좋은 방법은 스스로 만드는 것이다. — **피터 드러커**
- 시작은 사소한 선택장애였으나 그 끝은 아무거나 인생이리라. — **놀깨형**

당신의 명언

----

2. 성장의 비결?! 태도 갖추기

우리가 인생을 살아가는 데 있어서도 꼭 갖추어야 할 기본이 있다. 바로 '태도'이다. 태도(Attitude)란 뭘까? 사전적 의미로는 몸의 동작이나 모양새, 어떤 사물이나 상황을 대하는 자세를 말한다. 또, 말투, 눈빛, 행동 습관, 더 나아가 개인의 신념과 가치관도 포함된다. 태도를 이루는 수많은 요소 중에서 상대에 대한 예절, 존중, 감사, 배려, 정직, 신뢰, 긍정 마인드 등은 특히 중요하다.

나는 성장하고 싶다는 사람에게 가장 먼저 태도를 갖추라 말한다. 지식보다 먼저 갖추어야 하는 것이 태도다. 나는 과거에 △△대학교 겸임교수로 학생들을 가르쳤다. 그때 학생들에게 가장 먼저 '태도'를 강조했다. 태도를 먼저 몸에 익힌 후, 지식을 배워도 늦지 않다고 판단했기 때문이다.

한 사람이 가지고 있는 태도는 한순간, 하루아침에 형성되는 것이 아니다. 단기간에 습득할 수 없다. 어린 시절부터 자라면서 고유의 가치관과 세계관이 만들어지는 법이다. 이렇게 만들어진 태도는 일상에서 그대로 묻어 나온다. 평소 그 사람의 말투, 표정, 습관 등을 보면 그가 어떤 사람인지 짐작할 수 있다.

언젠가 전화 한 통화가 걸려왔다. 아들에게 전화한다는 것이 나에게 잘못 건 모양이다. "잘못 전화하신 것 같습니다." 하고 전화를 끊었다. 잠시 후 죄송하다는 문자가 왔다. 직접 얼굴을 뵌 적은 없지만 문자 하나만 봐도 인품과 성품이 보인다. 참 멋진 어른이다. 문자 하나에 기분까지 좋아졌다. 또, 태도가 좋은 사람은 밥을 사 주면 식사 후에도 꼭 감사함을 표현한다. "형님 정말 잘 먹었습니다. 다음번에는 제가 대접하고 싶습니다." 또, 작은 선물을 줘도 인사를 하고 감사 문자를 보낸다. 이런 친구에게는 하나라도 더 알려 주고 싶다. 좋은 곳에 가면 함께 가고 싶다. 태도가 좋은 사람은 어디에서든 환영받는 법이다.

▶ 능력보다 태도!

태도가 좋은 사람은 어느 조직, 어떤 직장에서도 인정받는다. 많은 기업의 채용 담당자들이 가장 우선시하는 채용 기준 역시 태도다. 즉, 일 잘하는 사람보다 태도 좋은 사람을 찾는다. 나 역시 과거에 회사를 운영하며 신입직원을 뽑을 때 태도를 가장 중요하게 보았다. 업무 능력은 조금 부족해도 기본적인 인성과 태도가 좋은 사람을 먼저 채용했다. 짧은 시간에도 지식은 쌓을 수 있다. 이에 비해 올바른 태도는 단기간에 형성되기 어렵다. 태도란 그 사람이 살아온 가치관이 모두 반영된 결과물이므로 좀처럼 변하지 않는다. 따라서 어느 조직에서든 지식은 부족해도 태도가 좋은 사람이 인정받는다. 반면 아무리 훌륭한 지식을 많이 갖고 있어도 태도가 별로인 사람은 인정받기 어렵다.

가끔 자문하는 회사에서 임원 대상으로 강의할 때가 있다. 그중에서 유난히 눈에 띄는 사람이 있다. 나와 눈을 마주치고 계속 웃고 있는 사람이다. 이런 사람을 보면 나 역시 하나라도 더 알려 주고 싶다. 강의 후 회사에서 평소 모습은 어떠한지 물어본다. 예상처럼 회사에서도 뭐든지 밝고 긍정적으로 열정적으로 임하는 사람이었다. 그러니 주변에는 항상 사람이 많고, 조직에서도 인정받는다.

반대로 내가 무슨 말을 해도 나와 눈 한번 마주치지 않고 고개만 숙이고 있는 사람이 있다. 핸드폰에 정신이 팔려 있고, 얼굴에도 불만이 가득하다. 알고 보면 회사에서도 매사 부정적이고 남 말 하기 좋아하는 열정이 없는 사람이다. 그러니 그런 사람을 누가 잘 따르겠는가. 조직 내에서 인정받지 못하는 것도 당연지사다.

태도가 좋은 사람은 항상 긍정적이고 매사에 열정이 있다. 다소 무리한 업무를 맡겨도 '나를 성장시켜 주려고 하는구나'라고 생각한다. 반면 태도가 나쁜 사람은 얼굴부터 찡그리고 불평불만이 가득하다. 만약 여러분이 승진 심사 담당자라고 하자. 위 두 사람이 똑같은 인사 고과 점수를 받았고, 둘 중 하나만 선택해야 한다면 누구를 선택할 것인가? 결국 태도가 좋은 사람이다. 태도가 좋은 사람은 어느 직장에서 어떤 곳에서도 인정받는다.

사업을 할 때도 태도가 좋은 사람에게 사업적인 기회도 찾아오고, 돈도 따라온다. 예전에는 창업하려면 자신이 직접 돈을 모으거나, 가족이나 지인에게 돈을 빌려서 했다. 하지만 지금 시대가 바뀌었다. 투자자에게 투자를 받는 시대다. 태도가 좋은 이들이 창업하면 멀리서 투자자를 찾지 않아도 사람들이 먼저 알아본다. 주변 사람들이 사업하라고 돈을 가져다준다. 반면 태도가 나쁜 사람은 주변인에게 인정을 받지 못한다. 인정을 못 받으니 투자도 못 받는다.

자본주의 사회에서 돈은 무엇보다 중요하다. 돈 없이 살수 없는 것이 현실이다. 하지만 돈은 잠깐 머무르는 것이지, 내 것이 아니다. 돈이 아무리 많아도 태도가 바르지 못하면 오래가기가 어렵다. 학력 역시 한국 사회에서 무시할 수 없는 요소이다. 그러나 학력보다 더 중요한 건 태도이다. 태도의 중요성은 백 년이 지나고 천 년이 지나도 변하지 않을 것이다. 그리고 태도는 앞으로는 더욱 중요해질 것이다. AI 시대에는 지식이나 기술보다는 태도가 중요시되는 세상이 될 것이다. 이런 시대에 살아남으려면 그 무엇보다 태도를 갖추는 것이 우선이다. 지식, 재능보다 태도가 먼저다.

하나를 보면 열을 안다고 했다. 역시 조상님의 말씀이 옳았다.

▸ 100원짜리 일을 1,000원어치 하면 1,000원짜리 일이 맡겨진다

조직에서도 작은 일에 최선을 다하는 사람이 업무에서도 인정을 받고 성장한다. 과거, 회사를 운영할 때 신입사원에게 일부러 가장 먼저 청소부터 시켜 보았다. 왜일까? 청소에 최선을 다하는 사람은 다른 일에도 최선을 다하기 때문이다. 어떤 이는 청소를 지시하면 마치 자기 집을 청소하는 것처럼 열심히 한다. 청소 하나에도 진심이 묻어난다. 이런 사람이 업무에서도 그 능력을 발휘한다. 다른 부서로 옮겨도 잘 적응하고 구성원과 소통도 잘한다. 시간이 흐르면 이들이 어느새 팀장이 되고 임원이 된다.

반면 청소를 지시하면 왜 허드렛일을 시키느냐며 인상을 쓰는 사람이 있다. 이런 사소한 일은 자신의 일이 아니라는 것이다. 청소도 마지못해 대충 하는 척한다. 이들은 업무에서도 최선을 다하기는커녕 불평불만만 그득하다. 부서를 옮기면 적응하지 못하고, 소통에 서툴러 갈등을 일으킨다. 그러니 조직에서 인정받지 못하고 늘 제자리에 머물러 있다. 사실 이런 머무름은 엄밀하게 따지자면 퇴보다. 남들은 앞서나가는데 혼자 가만히 있으면 상대적으로 뒤로 밀려난 셈이기 때문이다.

미국의 전 국무장관으로 유명한 콜린 파월, 그의 첫 직업은 음료수 공장의 바닥을 걸레질 하는 일이었다. 한번은 50개의 콜라병이 든 상자가 바닥에 떨어지면서 유리 파편과 콜라가 뒤섞여 아수라장이 되고 말았다. 사람들은 치울 생각은커녕 콜린이 몇 시간 동안 혼자 쭈그리고 앉아 유리 조각을 줍고 바닥을 닦아 낼 때도 멀뚱멀뚱 보고만 있었다고 한다. 그래도 콜린은 열심히 일한 덕분에 채용 약속을 받았고, 다음 여름에는 바닥 청소 대신 음료 주입기를 맡았다. 그 후 부책임자로 승진했다. 모든 것은 그가 보여 준 성실함 덕분이었다. 그는 콜라 공장에서 일할 때 얻은 교훈이 자신의 삶을 성공으로 이끌었다고 털어놓았다.

교세라를 창업해 최고의 경영자가 된 이나모리 가즈오 역시 그의 저서 〈왜 일하는가?〉에서 이렇게 말한다.

"하찮은 일이라도 주어진 일을 천직이라 생각하고 몸과 마음을 다해 달려들어 보라. 끊임없는 노력을 계속하다 보면 반드시 진리와 만나게 된다."

세상의 이치는 어디서든 하나로 통하는 것 같다. 작은 일에도 진심과 정성으로 최선을 다하면 누군가는 나를 알아주고 인정해 준다. 작은 일은 무시하는 사람이 많다. 하지만 작은 일에 최선을 다하는 것이 습관이 되면 무슨 일을 해도 항상 최선을 다한다. 왜냐하면 최선을 다하는 태도는 습관이기 때문이다. 나는 항상 아이들에게도 무슨 일이든 최선을 다하라고 말한다. 설령 그게 게임이라 할지라도.

▶ 중요한 것은 '무엇'이 아니고 '어떻게'

언젠가 케네디 대통령이 나사 우주연구소를 방문했을 때의 일이다.

그는 청소부 세 명에게 무슨 일을 하고 있느냐고 물었다.

A는 "보면 모르나? 난 시급 1만 원 받고 청소하고 있잖아."

B는 "난 지구의 한구석을 쓸고 있습니다."

C는 "난 인류가 지구에 가는 일을 돕고 있습니다."

세 명의 청소부는 같은 일을 하면서도 전혀 다른 대답을 했다. A는 청소는 그냥 하찮은 일에 불과하다며 일의 가치를 폄하하고 있다. 하지만 C는 우주선을 달에 보내는 일에 함께하고 있다며 자신의 일을 가치 있는 일이라 여기고 있다. 그는 스스로의 일에 의미와 목표를 부여해 가치 있는 일로 만들었다. 이처럼 누가 뭐라 하든 나의 존재와 역할의 가치는 스스로 만드는 것이다. 많은 사람이 직업을 선택할 때 잘못된 기준을 가지고 있다. 세상에 좋은 직업, 나쁜 직업은 없다. 어떤 직업이냐가 중요한 게 아니라 어떻게 생각하고 받아들이는가가 더 중요하다.

내가 사는 빌라에는 건물을 관리해 주는 경비 아저씨 두 분이 계시다. 한 분은 주민이 오면 밝은 표정으로 먼저 인사도 건네주시고 쓰레기 수거나 힘든 일도 도와주신다. 그러니 빌라 주민이 이분을 아주 좋아한다. 맛있는 음식이 있으면 항상 가져다주고, 수고하신다며 팁을 드린다. 명절 때도 선물을 많이 받으신다. 나는 그분을 만날 때마다 생각한다. '내가 나중에 건물을 지으면 저분을 스카우트해서 관리자를 맡겨야겠다.' 나뿐 아니라 다 비슷한 마음일 것이다.

그런데 다른 한 분은 주민들을 만나도 인사도 잘 안 하고 무뚝뚝하다. 그러니 팁은 물론 음식을 가져다주는 사람도 없다. 똑같은 일을 해도 어떤 사람은 팁을 받고 어떤 사람은 팁을 못 받을까? 자기가 이렇게 만든 것이다. 결국 무엇을 하느냐가 아니라 어떻게 하느냐가 중요하다. 내 가치는 내가 만들어 가는 것이다.

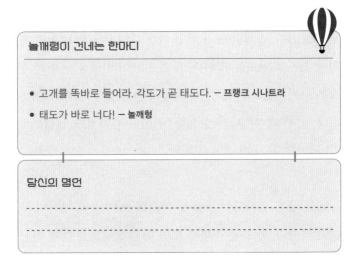

놀깨형이 건네는 한마디

- 고개를 똑바로 들어라. 각도가 곧 태도다. – **프랭크 시나트라**
- 태도가 바로 너다! – **놀깨형**

당신의 명언

- -

- -

3. 익숙함을 불편함으로, 불편함을 익숙함으로

사람은 누구나 익숙함에 기대는 경향이 있다. 매번 자신이 잘 아는 길만 가고, 먹던 음식을 먹고, 만나던 사람을 만난다. 왜일까? 편하니까. 편함은 곧 익숙함이다. 자신도 모르게 익숙함에 길들어 있는 것이다. 나이가 들수록 그런 경향은 더욱 강해진다. 하지만 익숙한 것에 머무르면 더 이상 변화도 성장도 기대하기 어렵다. 익숙함에서 벗어나야 새로운 경험을 하고, 그 과정에서 성장할 수 있다.

애벌레가 늘 익숙한 방식으로 풀만 먹으면 나비가 될 수 없다. 번데기가 되는 새로운 경험을 해야 비로소 나비로 변할 수 있다. 즉, 성장하려면 익숙함과 이별할 수 있어야 한다.

그런데 습관이 무섭다고, 사람들은 익숙함에서 잘 벗어나지 못한다. 그러니 의식적으로 벗어나려는 연습이 필요하다. 이때 필요한 것이 바로 '가변성'이다. 가변성이라면 뭔가 거창하고 어려운 단어처럼 들리지만, 간단하다. 같은 일을 하더라도 조금씩 '변화'를 주는 것이다.

▶ 인풋이 달라져야 아웃풋도 달라지지!

일상생활 속에서도 얼마든지 가변성을 줄 수 있다.

출퇴근할 때 보통 같은 경로를 오고 간다. 하지만 가던 길도 다른 경로로 가 보면 시야가 넓어지고, 우리의 뇌도 활성

화될 수 있다. 그렇게 길을 바꿔서 걸어 보면 멋진 카페, 새로 오픈한 식당 등, 자신이 몰랐던 새로운 장소도 발견할 수 있다. 커피숍을 방문할 때도 마찬가지다. 사람들은 커피숍도 보통 자신에게 익숙한 곳으로 간다. 이때도 한 번쯤 가변성을 떠올려 보자. 골목 안쪽까지 들어가 보면 숨겨진 멋진 카페들이 정말 많다. 커피숍마다 색깔이 다르고, 특색이 있어서 새로운 것을 탐험하는 재미가 있다.

여행을 갈 때도 가변성을 주면 얼마든지 새로운 경험을 할 수 있다. 속초 여행을 가면 대개 비슷한 패턴을 보인다. 서울에서 두 시간 반 동안 열심히 운전해서 속초에 도착한다. 그때부터 바닷가 근처 횟집에서 회를 먹고, 숙소에 짐을 풀고 저녁에 늦게까지 술을 마신다. 다음 날이면 속초 맛집을 찾아다니다 여행이 끝난다. 그 후 또 열심히 달려 집에 오는 것이다. 여행을 다녀오면 충전이 되어야 하는데 오히려 더 피곤하다.

나는 여행을 갈 때도 남들과 다르게 한다. 집에서 목적지까지 가는 경로 중 2~30분에 한 번씩 들를 수 있는 코스를 찾는다. 그러면 중간에 최소 서너 곳을 거쳐 간다. 그러니 매번 여행이 새롭다. 나와 같이 여행을 하는 사람들은 목적지까지 가는 길에 이렇게 예쁘고 멋진 곳이 있었느냐며 다들 놀라워한다. 이처럼 우리의 일상생활 속에서 가변성을 주면 새로운 것을 경험할 수 있다.

　나는 매장에서 과일을 판매할 때 진열 방법을 매일 바꿨다. 똑같은 과일도 어떻게 진열하느냐에 따라 소비자의 반응은 전혀 달라진다. 컬러가 비슷한 과일끼리 모아도 보고, 진열 위치를 상하좌우로 바꿔 보고, 포장용기나 방법 등도 조금씩 달리한다. 그렇게 진열 방식에 수없이 변화를 주면서 어떤 방식이 고객들에게 가장 반응이 좋은지, 가장 매출이 높은지 체크했다. 소비자의 마음을 움직일 수 있는 포인트를 찾는 것이다. 이렇게 변화를 주면 손님이 매장 안에 있는 시간도 늘어나고, 매출도 그만큼 높아진다. 똑같이 과일을 팔아도 진열 방식에 변화를 주면 결과는 얼마든지 달라질 수 있다. 손님 입장에서는 날마다 가게가 바뀌니 구경하는 재미도 쏠쏠했으리라.

　아인슈타인의 명언 중 이런 말이 있다. "어제와 똑같이 살면서 다른 미래를 기대하는 것은 정신병 초기 증세다." 즉, 내 행동과 습관이 그대로라면 그 어떤 변화도 기대할 수 없다는 말이다. 다른 결과 값을 원한다면 입력 값이 달라져야 한다.

▸ 불편함을 비집고 싹트는 성장

이처럼 어떤 일이든 가변성을 주면 이전과 다른 관점에서 바라볼 수 있다. 그로 인해 성장할 수 있는 기회도 얻을 수 있다. 하지만 의외로 가변성을 시도하는 사람이 드물다. 왜일까? 사람은 누구나 익숙한 것을 좋아하고, 변화를 불편하게 여기기 때문이다. 물론 평소와 다른 길을 가고, 다른 장소를 방문하고, 다른 사람을 만나는 것은 어색하고 불편할 수 있다.

하지만 모든 성장은 '불편함' 속에서 만들어진다. 불편함은 두렵고 어색한 것이 아니라 성장의 기회이다. 불편함도 두 번, 세 번 반복하면 어느새 익숙해진다. 그러면 불편했던 일에 호기심이 생기고 잘하게 되고 재미를 느낀다. 성장하고 싶다면 나의 익숙함을 불편함으로, 나의 불편함을 익숙함으로 바꿔야 한다.

인생에서 가장 경계해야 할 것은 익숙함이라 생각한다. 익숙함에 머무르면 어떤 변화도 성장도 기대하기 어렵기 때문이다. 성장하고 싶다면 익숙함을 경계하고 멀리해야 한다. 사람들은 익숙한 게 옳다는 믿음을 가지고 있다. 익숙함은 편한 것이지 옳은 것은 아니다. 익숙함이나 편안함은 성장의 적이다. 성장은 불편함 속에서 만들어진다. 나의 익숙함을 불편하게 생각하고, 불편함을 익숙함으로 만들자!

사람은 누구나 '결'이 있다. 대개 결이 비슷한 사람들끼리 모이기 마련이다. 따라서 어울리는 결을 바꾸지 않으면 성장할 수 없다.

얼마 전 후배 한 명이 성장하고 싶다며 나를 찾아왔다. 그 친구에게 대뜸 어디로 오라고 알려 줬다. 그곳에는 이름만 대면 알 만한 유명한 창업자들이 다섯 명이 있었다. 그 친구는 함께하는 시간 동안 별로 말이 없었다. 모임이 끝난 후 물었다.

"오늘 모임은 어땠니?"

"많이 부담스럽고 불편했어요."

"그래, 부담스럽고 불편했지. 앞으로 성장하고 싶으면 불편하고 부담스러운 사람들을 계속 만나야 해. 그럼 어느 순간 불편함이 익숙함이 될 거야."

조그만 씨앗이 커다란 나무로 성장하기 위해서는 단단한 씨앗 껍데기를 깨야 한다. 그 후 그 틈을 비집고 싹을 틔워야 한다. 그러지 않으면 영영 씨앗 상태로 남아 있다가 썩어 버린다. 그러나 불편함을 이기고 일단 싹을 틔우면 정말이지 놀라운 세계가 펼쳐진다. 잠시 익숙함을 깨는 불편함을 견디면 숨 쉬는 환경이 달라진다. 그러니 불편함조차 즐겨 보자.

- 변화는 처음에는 어렵고, 중간에는 지저분하며 마지막에는 아름답다.
  - 로빈 샤르마
- 불편해야 성장한다.— **놀깨형**

당신의 명언

----

4. 성장을 위한 대가

30년 전, 처음 장사를 배울 때 나는 2년 가까이 오징어 행상하는 분을 스승으로 모시며 따라다녔다.

지금은 상상하기도 어렵지만, 그 시절에는 급여를 받지 않고 2년 동안 일했다. 그때 나는 스승님이 왜 나에게 월급을 주지 않을까, 이런 생각을 해 본 적이 없다. 내가 원했던 것은 월급이 아니라 앞으로 '제대로 일하는 법'이었기 때문이다. 스승님에게서 장사 노하우를 얻으려면 뭔가 대가를 치러야 한다고 생각했다. 나는 내 시간과 노력으로 그분의 노하우를 사고 있었던 셈이다.

대치동에 처음 매장을 오픈한 이후에도 한동안 계속 교육을 받으러 다녔다. 그때도 형편은 넉넉하지 않았기에 교육비 대신 청소를 해 주며 교육을 받았다. 그렇게 27년 동안 야채장사를 하면서 교육비에 많은 돈을 투자했다. 이외에도 강의법, 질문법, 옷 입는 법, 이미지 메이킹 등을 배우는 데 엄청난 돈을 투자했다. 그런데 한 번도 그 비용이 아깝다고 생각해 본 적이 없다. 학습료는 당연히 지불해야 할 대가라 믿었다.

이처럼 나는 뭔가를 공짜로 배워 본 적이 없다. 상대의 노하우를 공짜로 얻으면 거지밖에 안 된다고 믿는다. 반면 정당하게 대가를 지불하면 누구에게나 당당할 수 있다. 그 누구보다 나 스스로에게 당당하고 싶었다. 난 지금도 내가 배우고 싶은 게 있다면 항상 대가를 지불한다. 내 삶의 기본 원칙은 대가 지불이다.

▶ 인생은 자동판매기

주변에 보면 성장하고 싶다면서 대가를 치르지 않고 공짜로 얻으려는 사람이 너무 많다.

사람들은 워렌 버핏과 식사를 할 때는 당연히 돈을 지불해야 한다고 생각한다. 또, 이성 친구를 사귈 때도 비용을 지불한다. 그런데 자신이 배우려고 하는 대상에 대가를 지불하는 것에는 인색하다. 자기 인생을 바꿀 수 있는 뭔가를 찾는데, 왜 대가를 지불하려 하지 않을까. 안타깝지만 거지 근성을 가진 이들이 있다. 그들은 뭐든지 공짜로 알려 달라고 한다. 장사를 배우고 싶다며 나를 찾는 사람 중 상당수가 공짜로 알려 달라고 한다. 나는 오랜 시간을 들여 많은 돈을 지불하고 배운 노하우인데 왜 공짜로 알려 줘야 한단 말인가. 그렇게 쉽게 얻은 것은 귀하게 여기지도 않는다. 보석을 쥐여 줘도 공깃돌로 사용할 사람이다. 그렇게라도 사용하면 다행이다. 아예 처박아 두고 잊어버릴 가능성이 더 높다. 그래서 대가를 치르지 않고 얻으려 하는 사람들을 볼 때마다 안타깝다.

무료 강의만 찾아다니는 사람은 계속 무료 강의만 듣는다. 이런 사람은 절대로 그 이상의 것을 배울 수 없다. 그렇다고 무료 강의가 나쁘다는 것은 결코 아니다. 초보자에게는 도움이 된다. 그러나 일정 수준을 넘어 전문성을 갖추기에는 부족하다. 전문가가 되려면 대가를 치르고 제대로 배워야 한다. 정당한 돈을 지불하고 얻으면 자신을 더 경쟁력 있게 만들고 전문성을 확보할 수 있다. 대가를 치르는 만큼 성장하고 발전할 수 있다. 자신이 무엇을 얻고자 한다면 대가를 치러야 한다. 그러니 자신이 감당할 수 있는 범위에서 시간이든 돈이든 그에 맞게 정당한 대가를 지불하자.

배움뿐만 아니라 그 어떤 분야든 마찬가지다. 세상을 살아가는 동안 겪는 모든 일에는 대가가 필요하다.

하다못해 다이어트를 할 때도 대가를 지불해야 한다. 우습게도 살이 찌는 데에는 대가를 지불하면서 살을 빼는 데는 대가를 지불하지 않으려고 한다.

몇 년 전 당뇨를 진단받고 건강에 적신호가 켜졌다. 다행히 식이조절과 운동을 병행하면서 한 달 만에 8킬로를 감량했다. 주변에서는 다들 놀라워했다. 내 모습을 본 후배가 자신도 다이어트가 절실하다며 찾아왔다.

"형님, 어떻게 하면 살을 뺄 수 있어요?"

그 친구에게 세 가지 질문을 했다. 첫 번째, 얼마만큼 빼고 싶은지. 두 번째, 얼마 만에 빼고 싶은지. 세 번째, 살을 빼는 데 얼마만큼 투자할 수 있는지. 첫 번째, 두 번째는 서슴없이 대답했다. 하지만 세 번째는 머뭇거렸다. 돈을 투자하지 않고 빼고 싶다고 했다. 다시 그에게 물었다.

"야, 너 살 찔 때 돈이 드니, 안 드니?"

가만히 있는데 살이 쪘겠나. 먹었으니까 살이 찐 것이다. 후배 역시 쉽게 수긍을 했다.

"그럼 살 뺄 때는 돈이 들까, 안 들까? 내가 너 살 빼는 거 도와줄게. 대신 네가 먹을 때 돈이 든 만큼, 뺄 때도 돈 들어."

그러면 돈을 내겠다는 사람이 몇 명이나 될까? 찾아오는 사람이 거의 없다. 다들 운동해서 뺀다고 한다. 솔직히 운동을 할 의지가 있는 사람이었다면 그렇게 먹지도 않았을 것이다. 대가를 치르려 하지 않으니 다이어트도 못 하는 것이다.

성장하고 싶다는 사람들에게 항상 입버릇처럼 말한다. 원하는 것이 있으면 대가를 지불하라고.

아이들을 가르칠 때도 뭔가를 하고 싶으면 할 일을 먼저 해야 한다고 알려 준다. 우리 인생에서 거저 되는 것은 아무 것도 없다. 무엇이든 얻고자 하면 반드시 대가를 지불해야 한다.

서울대에 가고 싶으면 공부를 해야 한다. 공부 안 하고 서울대 가고 싶다는 것은 말이 안 된다.

또, 부자가 되고 싶다면 부자의 행동과 습관을 따라 해야 한다. 대가를 치러야 한다.

내 인생을 성장시키는 일도 마찬가지다. 성공을 하려면 성장이 필요하고, 성장을 하려면 대가 지불이 필요하다.

인생은 자동판매기와 같다. 자동판매기에 동전을 넣어야 원하는 상품이 나온다. 운이 나쁘면 넣은 돈보다 싼 물건이 나오기도 하고, 운이 좋으면 더 비싼 물건이 나오기도 하지만, 기본은 같다. 돈을 넣어야 뭔가 나온다!

▶ 애정의 가장 확실한 척도는 바로 돈!

장사의 노하우를 공짜로 알려 준 적이 많다. 또, 인생의 가르침이 필요하다는 젊은이에게 도움을 주기도 했다. 하지만 그들 중 행동하고 변화하는 사람은 정말 드물었다. 사람들은 쉽게 얻은 것에 대해서는 소중함을 모르고 가치를 폄하하곤 한다. 그런 일들이 수차례 반복되면서 나 역시 마음의 상처를 받았다.

그때 결심했다. 앞으로는 변할 수 있는 사람에게만 내 경험을 나눠 줘야겠다고.

옷을 잘 입고 싶다는 친구들이나 다이어트하고 싶다는 친구들이 찾아오면 물어보았다. 얼마를 지불할 수 있느냐고. 그러자 나에 대한 비난이 쏟아졌다. '돈에 환장했네.',

'돈만 밝히는 장사꾼이네.' 그러거나 말거나 내 뜻을 굽히지 않았다. 돈을 지불하고 배우겠다는 사람들도 있었으니까. 놀랍게도 대가를 치른 이들은 공짜로 배운 이들보다 더 집중하고 열심히 배웠다. 그때 또 한 번 깨달았다. 사람이란 비용을 지불해야 행동하고 변하는구나. 우리가 변할 수 있는 가장 큰 동인은 대가를 지불하는 것이다.

누구나 돈을 지불하면 마음가짐부터 달라진다. 돈을 낸다는 것은 최소한 자신이 변할 의지가 있다는 뜻이다. 반면 돈을 내지 않겠다는 것은 변할 의지조차 없는 뜻이다. 이후 장사나 컨설팅을 할 때 세운 원칙은 '대가 없이 절대 알려 주지 않는다'였다. 사람들은 대가를 지불할 마음이 있어야 변화하기 때문이다. 절박한 사람은 어떻게든 대가를 지불하게 마련이다.

인간이란 자신이 가장 소중하게 여기는 것에 가장 큰 돈을 쓴다. 야박하게 느껴질지도 모르지만, 사실이다. 냉정히 생각해 보자.

갓난아이를 키우고 있는 엄마는 아이에게 돈을 가장 많이 쓸 테고, 갓 사랑을 시작한 연인은 서로에게 가장 많은 돈을 쓸 것이다. 정말 사랑하는 여자친구에게 100원짜리 종이꽃을 사 줄까, 한 송이에 만 원짜리 꽃을 사 줄까? 아무리 가난해도 상대를 사랑한다면 며칠간 점심값을 모아서라도 만 원짜리 꽃을 사 주려 할 것이다. 속물처럼 느껴질지 모르지만, 돈은 애정의 좋은 척도다. 그 대상이 무엇이든 간에.

놀깨형이 건네는 한마디

- 신의 법칙과 인간의 법칙에 어긋나지 않고 또한 당신이 그것을 위해 대가를 치를 각오만 되어 있다면, 당신은 원하는 모든 것을 성취할 수 있다. — 윌리엄 클레멘트 스톤
- 인생은 자판기다. 돈 넣은 만큼만 나온다. — 놀깨형

당신의 명언

----

5. 성장을 위한 관성 없애기

학창시절에 배웠던 물리 내용 중 '관성의 법칙'이란 것이 있다. 한번 움직인 물체는 이동하는 방향으로 계속 움직이려는 성질을 지닌다는 것이다. 그런데 이 관성은 물체에만 적

용되는 것이 아니라, 사람에게도 똑같이 적용된다. 마음이나 생각에도 관성이 적용된다. 삶의 관성이 형성되면 계속 유지하려는 성향을 보인다.

다이어트를 결심했다고 하자. 평소 즐겨 먹던 기름진 음식과 술을 중단하고, 닭 가슴살에 샐러드를 먹으면서 열심히 관리한다. 처음 며칠은 어찌어찌 버틴다. 하지만 일주일이 지나고 10일이 지나면 슬슬 다이어트 의지도 꺾인다. 그러면서 예전에 먹던 음식을 하나, 둘 먹기 시작한다. 그러다 결국 원래의 식습관으로 돌아가고 다이어트는 실패로 막을 내린다.

운동을 할 때도 비슷하다. 처음에는 헬스클럽을 등록해서 매일 빠지지 않고 열심히 간다. 그러다 이런 저런 약속이 생기면 일주일에 1~2회로 줄어든다. 그러다 나중에는 한 달에 한 번도 겨우 간다. 또, 평소 책을 잘 읽지 않던 사람이 자기계발을 하겠다며 열심히 읽는다. 처음 며칠은 졸려도 꾸역꾸역 참아 가며 읽는다. 다시 며칠 지나면 온몸이 근질거리고 고통스러워하다 결국 책을 덮는다. 왜 독하게 마음먹고 세운 목표를 이루지 못할까? 바로 이전의 습관으로 돌아가려는 습성, 관성이라는 놈 때문이다. 세상에서 제일 무서운 것이 바로 '관성'이다.

▶ 관성을 없애는 첫 번째 방법_환경 만들기

나는 성장하고 싶다는 사람에게 '관성'부터 없애라고 말한다. 관성을 없애야 비로소 성장할 수 있다. 성장은 끊임없이 관성을 없애는 자기와의 싸움이다. 관성을 없애지 않으면 과거에서 한 발짝도 벗어나지 못한다. 그런데 관성이라는 놈은 몹시 독해서 혼자서 없애기란 정말 쉽지 않다. 너무너무 어려운 일이다. 스스로 관성을 없앨 수 있다면 고민하지도 않을 것이다.

어떻게 하면 관성을 없앨 수 있을까?

물체가 가지는 상태를 변화하기 위해서는 외부에서 힘을 가해야 한다. 마찬가지로 우리의 몸에 배어 있는 관성을 없애려면 외부의 힘이 필요하다. 사람들은 대개 의지력으로 뭔가를 극복해 보려고 한다. 만약 의지로 할 수 있었다면 관성은 진즉 극복했을 것이다. 다시 돌아가는 것은 그만큼 의지가 강하지 못하다는 뜻이다. 그러니 의지력에만 기대지 말고 환경을 만들자. 자신이 변할 수밖에 없도록 환경을 만드는 것이다.

그런 의미에서 관성을 없앨 수 있는 최고의 교육기관은

'군대'다. 군대는 습관을 만들기에 최고의 환경이다. 평소 여러 가지 좋지 않은 습관을 가진 이도 군대에 다녀오면 달라진다. 운동 한번 안 하던 이도 갑자기 몸짱이 되어 온다. 또 자신의 방 청소 한번 제대로 안 하던 사람도 전역 후에는 누가 시키지 않아도 스스로 주변 정리정돈과 청결에 신경을 쓴다. 이처럼 환경이 바뀌면 관성을 조금은 끊어 낼 수 있다.

일상생활에서도 주변 환경을 바꿔 주면 관성에서 벗어날 수 있다.

예전에 한 후배가 옷을 잘 입고 싶다며 컨설팅을 요청했다. 내가 어떻게 했을까? 그 친구 집에 찾아가 옷장에 있는 옷, 신발, 양말 등 대부분을 버렸다. 무식한 방법이라 생각할 수 있다. 하지만 사람에게는 관성이 있다. 내가 아무리 옷을 멋지게 스타일링을 해 줘도 시간이 지나면 예전에 자신이 입던 대로 입게 된다. 그러니 다소 극단적인 방법일지 몰라도 그리 독하게 하지 않으면 자신이 입던 스타일로 되돌아간다.

그렇게 옷을 다 버리고 새로운 스타일로 세트로 세 벌 사 준 후, 그 옷을 교복처럼 입으라고 했다. 월화수목금 이렇게 요일별로 다르게 입는 것이다. 내가 정해 준 새로운 스타일로 입다 보면 거기에 적응해서 이전에 입던 스타일에서 멀어질 수 있다. 나는 지금도 옷을 잘 입고 싶다는 사람에게 이 방법을 추천한다. 물론 입던 옷을 버리라고 하면 아까울 수 있다. 진짜 버리라는 것이 아니다. 주변에 나눔을 하거나 중고시장에 판매할 수도 있다. 중요한 것은 기존에 입던 옷과 최대한 멀어지는 것이다.

▶ 관성을 없애는 두 번째 방법_교육

관성에서 벗어날 수 있는 두 번째 방법은 '교육'이다. 많은 사람들이 관성에서 벗어나려고 혼자서 무던히 노력한다. 앞서 말했지만 관성은 워낙 독해서 스스로 의지만으로는 쉽지 않다. 혼자서는 유혹이 찾아오면 계속 흔들린다. 이럴 때 흔들리는 내 마음을 잡아 줄 수 있는 것이 '교육'이다. 교육을 통해서 자신의 되돌아가려는 마음을 다잡고 새로운 습관을 만들어 가는 것이다. 같은 행동을 2개월 반복하면 습관이 되고, 4개월 반복하면 지인들이 인정하고, 6개월 반복하면 눈에 보이는 결과로 나타나고, 1년을 반복하면 인생이 바뀐다고 한다. 끊임없이 교육을 받고 훈련을 하고 습관이 되면 조금씩 나아진다.

총각네 운영 당시 가장 중요하게 생각했던 것이 교육이

었다. 매년 분기별 시기별 대상별로 교육 프로그램이 엄청 많았다. 업무와 관련된 이미지 메이킹, 멘트, 피오피 등과 같은 교육은 기본이었다. 이외에도 자기계발, 자산관리, 성공학 등 각 분야의 최고 전문가를 초대해 교육을 진행했다. 교육에 대한 비용도 어마어마하게 투자했다. 주변에서 많은 사람들이 물었다. 왜 그렇게 교육에 집착하느냐고. 바로 구성원들이 관성적으로 일하는 걸 막기 위해서였다. 그래서 집착으로 보일 만큼 교육을 끊임없이 진행했다.

당시 총각네를 벤치마킹해서 과일 프랜차이즈를 하려던 회사들이 정말 많았다. 그런데 대부분 망했다. 보통 과일 판매라 하면 좋은 물건을 싸게 사서 싸게 팔면 된다고만 생각한다. 나는 농산물 판매는 교육업이라 생각했다. 총각네의 핵심 역량은 혹독하리만큼 엄격한 교육과 훈련이었다. 모든 것이 철저하게 계획되고 교육된 결과물이었다. 당시 사람들이 회사의 정체성에 대해 물으면 항상 '농산물 판매 회사가 아닌 교육 회사'라 답했다. 그렇게 교육을 진행한 덕분에 구성원들이 관성에서 조금이나마 벗어날 수 있었다.

물론 관성을 극복하는 것은 쉽지 않다. 세상에 쉬운 건 그어떤 것도 없다. 운동 하루 이틀 한다고 날씬해지나? 영어 공부 한두 달 한다 해서 유창해지지 않는다. 관성을 벗어나는 일도 결코 쉽지 않다. 쉽지 않기 때문에 계속해야 한다. 시간이 걸려도 인내심을 가지고 버티고 견디면 결국 벗어날 수 있다.

놀깨형이 건네는 한마디

- 생각하는 대로 살지 않으면 사는 대로 생각하게 된다. **- 폴 부르제**
- 관성이 필요한 것은 시계추뿐이다. **- 놀깨형**

당신의 명언

---

6. 무형의 것을 보는 안목 기르기

사업하는 사람은 장사를 하지만, 장사하는 사람은 사업을 하지 못한다는 말이 있다.

탑에서 다운은 되는데 다운에서 탑으로는 못 간다. 왜 그럴까? 결론부터 말하자면 장사하는 사람은 '무형의 것'을 보지 못하기 때문이다.

보통 사업하는 사람들은 조직의 미래를 생각하며 전체를 보는 시각을 가지고 있다. 인재를 채용할 때도 어떤 분야에 어떤 사람이 필요한지, 인력 배치는 어떻게 할지, 여유 인력이 몇 명이 더 필요한지, 어떤 영역에 어떤 투자를 해야 하는지… 등을 생각한다. 그리고 각 역할에 맞는 적임자를 찾는다.

만약 조직 내 본부장이 필요하다 판단되면 고액 연봉을 지불해서라도 채용한다. 본부장이 가지고 있는 가치를 알기 때문이다. 유능한 본부장은 오랜 조직 경험과 연륜으로 조직을 어떻게 운영해야 하는지 알고 있다. 눈에 보이지 않는 그 경험이 얼마나 중요한지를 아는 것이다. 사업가는 그 가치를 인정하고 투자한다. 그렇게 채용된 본부장은 자신의 경험을 바탕으로 조직 내 체계와 시스템을 빠르게 만들어 조직을 안정시킨다.

하지만 장사에 익숙한 사람들은 이런 사고를 하기 어렵다. 똑같이 고액 연봉의 본부장을 채용해야 하는 상황에서 그들은 망설인다. 왜일까? 고액 연봉의 본부장을 채용해도 금세 직접적인 매출로 나타나지는 않기 때문이다. 그 연봉을 한 사람에게 줄 바에야 당장 일할 직원 몇 명 더 채용하는 것이 더 효과적이라 여긴다. 사람을 채용하면 매출이 늘어나는 것을 눈으로 확인할 수 있다. 그러나 이것은 눈앞의 이익에만 집중하느라 정작 사업을 위한 체계나 시스템을 갖추지 못하는 1차원적 행동인 셈이다. 그러니 장사에만 맴돌 뿐 사업으로 성장해 가지 못한다. 이것은 장사하는 사람이 사업을 하지 못하는 이유다.

비단 장사만이 아니다. 인생을 살아갈 때 무형의 것이 가지는 가치를 보지 못하면 기회가 와도 알아챌 수 없다. 사람들은 눈에 보이는 것의 가치는 금방 이해한다. 예를 들어 비싼 자동차, 명품 백, 귀금속 등의 가치는 금방 알아챈다. 하지만 눈에 보이지 않는 경험, 믿음, 건강, 교육, 신뢰 등의 가치에 대해서는 그 중요성을 간과하는 경우가 많다.

또, 무형의 것을 볼 수 있는 사람은 경험의 폭도 커진다. 내가 운영하는 여행 프로그램에 참가하려면 적잖은 비용이 든다. 그래도 기꺼이 가겠다는 사람이 있다. 그들은 내가 가진 무형 가치를 볼 수 있고 이를 인정하는 사람이다. 사실 내가 방문하는 장소는 어디에도 소개되지 않은 오롯이 내 오랜 경험을 통해서 알게 된 곳들이다. 나의 무형 자산이다. 만약 스스로 직접 발품을 팔아서 이런 여행지를 찾으려면 수많은 시간과 기회비용을 치러야 한다. 반면 내가 설계한 코스대로 여행을 하면 그런 수고와 기회비용을 줄일 수 있다. 여행을 마친 후에는 오히려 저렴하다고 말하는 분도 있다. 그들은 지불한 경비의 몇 배에 해당하는 돈을 벌어 가는 것이다. 바로 이 가치를 인정하는 분들은 다음번 여행에도 참가한다.

사람들과의 관계에서도 무형의 것을 볼 수 있으면 훨씬 삶이 수월해진다.

예전에 스승님 지인의 형편이 어려우니 나에게 돈을 좀 빌려 달라고 부탁하셨다.

스승님의 부탁이라 어떤 이유도 묻지 않고 그 자리에서 바로 돈을 빌려 드렸다.

나중에 안 사실인데 스승님도 이미 빌려준 상황이었다.

그런데 안타깝게도 그 지인은 더 어려워져서 돈을 갚을 수 있는 여건이 안 됐고 결국 회사는 무너졌다. 그때 스승님은 자신의 돈을 내게 주셨다.

"이 돈 받아라. 너는 나 때문에 빌려줬으니까."

"무슨 소리입니까, 선생님. 우리는 한 배를 탔습니다. 반반하겠습니다."

그러면서 받은 돈의 절반을 다시 드렸다. 그러자 스승님은 몹시 기뻐하셨다. 돈 때문이 아니라 내 마음이 너무 예쁘다며 고맙다고 말씀해 주셨다. 이후 더 큰 투자 건을 소개해 주셨고, 그로 인해 빌려 드린 돈 이상의 수익을 얻을 수 있었다. 만약 그때 돈을 드리지 않았다면 어땠을까? 더 큰 기회도 놓쳤을 것이다.

　사람들은 눈에 보이는 것은 믿고 확신하며 투자한다. 반면 보이지 않는 것을 인정하고 투자하는 사람은 드물다. 나는 성장하고 싶다는 사람에게 항상 이야기한다. 무형의 것을 볼 줄 알아야 한다고. 무형의 가치를 이해하지 못하면 지금 현재의 수준에서 벗어나기 어렵다. 성장하고 싶다면 무형의 가치를 보는 연습이 필요하다. 농부는 작은 씨앗에서 큰 나무의 열매를 보는 법이다.

놀깨형이 건네는 한마디

- 본질적인 것은 눈에 보이지 않는다. – 앙투완 생텍쥐페리
- 눈 떠! – 놀깨형

당신의 명언

----

7. 귀인을 알아보려면

우리는 인생을 살면서 수많은 사람을 만난다. 그중 자신의 인생에 큰 도움이나 가르침, 깨우침을 주는 사람이 있다. 바로 귀인이다. 그들은 자신이 스스로 발견하지 못하는 재능을 발견해 주고, 성장할 수 있도록 도와준다. 그래서인지 사람들은 귀인을 찾고, 어떤 사람이 나의 귀인인지 알고 싶어 한다.

하지만 우리는 점쟁이가 아니다. 사실 점쟁이조차도 누가 귀인인지 알 수 없다.

다만, 나는 오래전부터 누구를 만나든 항상 그 사람을 귀인이라 생각했다. 장사할 때도 손님 한 분 한 분을 다 귀인이라고 여겼다. 손님마다 어떤 과일을 좋아하는지, 무엇을 원하는지, 집에 어떤 일이 있는지 등 관심을 가지고 최선을 다해 응대했다. 만약 귀인이 아니라 그저 흘러가는 뜨내기라고 생각했다면 최선을 다하지 못했을 것이다.

▸ **귀인이란?**

사람마다 귀인에 대한 정의와 기준은 다를 것이다. 어떤 이는 자신이 어려운 상황에 처했을 때 물질적 도움을 준 사람이 귀인이라 말한다. 또 어떤 이는 자신의 세상을 넓혀 주는 사람이 귀인이라 말하기도 한다. 그런가 하면 누군가는 인생의 방향성을 결정할 때 도움을 준 사람을 귀인이라 부른다. 각자의 가치관에 따라 귀인의 정의는 모두 다르다.

내 기준에서 귀인이란 나에게 '진심 어린 조언'을 해 주는 사람이다. 우리는 사회적으로 성공한 사람은 조언을 해 줄 자격이 있다고 생각해서 그들의 말을 귀담아듣는다. 반면 사회적으로 성공하지 않고 유명하지 않더라도 나에게 진심 어린 조언을 해 주는 사람이 있다. 그들의 말은 대수롭지 않게 여기고 그저 흘려버린다. 하지만 진짜 귀인은 나에게 조언, 피드백을 해 주는 사람이다.

내 인생에도 귀인이 참 많았다. 야채장사할 때 만난 스승님도 나에겐 귀인이다. 사람들은 그를 평범한 야채장사라 보고 무시했지만, 난 귀인이라고 생각하고 스승으로 모셨다. 그분과 지금까지 연락을 하고 지낸다. 수년째 여전히 스승님의 월세를 내주고 있다. 주변 사람들이 의아해하며 묻는다.

"스승님이라는 사람이 너한테 도와준 것도 없는데 너는 왜 그래?"

그분은 내가 처음 이 일을 시작할 때 장사를 처음 가르쳐 주셨다. 또한 삶의 강을 건널 때 처음 손을 내밀어 주신 분이다. 그런 분이니 평생 월세 정도는 내 드릴 수 있다.

한편, 이런 귀인도 있다. 내가 세상으로부터 외면당하고 끝없이 침잠할 때, 밖으로 끌어올려 준 박종윤 대표는 나를 다시 살게 해 준 귀인이다.

내가 귀인이 되어 준 일도 있다. 10년 전 둘째 아이를 가졌을 때, 집안일을 도와주셨던 여사님이 계시다.

여사님 가족들과 식사 때 일이다. 그분의 딸에게 꿈을 물었다. 중학교 2학년 아이는 공부도 싫고 꿈도 없다고 했다.

그래서 아이에게 미용을 배워 보면 어떻겠느냐고 넌지시 조언했다.

"미용을 배워서 학교에서 친구들 메이크업과 헤어를 알려 주면 인기 짱일 거야."

그 아이는 나의 조언을 듣고 미용을 시작했다. 그 후 10년 동안 열심히 한 결과 지금은 멋진 디자이너가 되었다.

이외에도 많은 친구들에게 여러 가지 조언을 해 주었다. 다행히 내 조언에 따라 행동에 옮긴 친구들은 재능을 발휘하면서 잘 성장해 나갔다. 이런 친구들에게는 계속 조언을 해 주고 싶다.

'숲 밖에 있는 사람은 숲을 볼 수 있지만, 숲 안에 있는 사람은 숲을 보기가 어렵다'라는 말이 있다. 젊은이 중에는 자기가 어떤 재능을 가지고 있어도 재능이라 생각하지 못하는 이가 있다. 또, 자신에게 여러 가지 장점이 있음에도 스스로는 그것이 장점인지 모르기도 한다. 그래서 그 사람이 잘할 수 있는 일이나 직업을 추천해 주거나, 장점을 잘 발휘할 수 있는 여러 방법들을 말해 주기도 한다. 물론 내게 대단한 자격이 있는 것은 아니지만, 회사를 운영하며 젊은 친구들을 많이 만나 보니 그런 눈이 저절로 생긴 듯하다. 어쩌면 그들에게는 내가 귀인이 되어 준 셈이 아닐까.

▸ 귀인을 찾는 방법

사람들은 항상 궁금해한다.

"그 사람이 귀인인지 아닌지 어떻게 알 수 있을까요?"

사실 귀인을 한눈에 알아보는 법은 따로 없다. 얼굴에 귀인이라 써 붙이고 다니는 것도 아니니 말이다. 오히려 내가 귀인을 알아볼 수 있는 눈을 길러야 한다. 나는 주변의 누구라도 귀인이 될 수 있다고 생각한다. 그러니 누군가 나에게 조언을 해 주면 열린 자세로 받아들이는 것이 중요하다. 마음의 귀를 닫고 듣지 않으면 귀인이 아무리 좋은 조언을 해 줘도 소용이 없다.

가까운 후배들에게 조언을 해 주면 두 부류로 나뉜다.

"저 매장에 가서 슈트 한 벌 맞춰 봐. 너랑 정말 잘 어울릴 것 같아."

"네. 형님. 가서 한번 맞춰 보겠습니다."

이 친구는 열린 마음으로 내 조언을 듣고 행동으로 옮긴다. 귀인의 조언을 알아듣는 귀를 가진 사람이다.

반대로 마음을 닫은 채 조언을 해 줘도 무시하는 친구도 있다.

"형님, 슈트 다 비슷해요. 어차피 원단 똑같은 데서 나오는데 이름만 다른 거예요."

이런 친구들에게는 더 이상 조언해 주고 싶지 않다. 눈앞에 기회를 가져다줘도 몰라볼 가능성이 크다.

더 성장할 수 있다는 건 알지만 얘기하지 않는다. 그 순간 나와의 거리가 멀어지기 때문이다. 그냥 격려해 주는 정도에서 관계를 유지할 뿐이다.

언젠가 중국집을 하는 친구가 하소연을 했다. 장사가 안된다는 것이다. 그 친구에게 제안을 했다.

"내가 평생 컨설팅해 줄 테니 대신 나 짜장면 평생 먹게 해 줘."

이 친구는 그 자리에서 바로 흔쾌히 수락했다. 나는 그 친구 매장에 어울릴 만한 메뉴 구성과 배달 방식 등 여러 가지 아이디어를 건넸다. 그 친구는 내 조언에 따라 성실히 실천해 갔다. 그 결과 그야말로 대박이 났다. 매장 하나로 시작해서 전국으로 사업을 확대한 것이다. 이 친구는 자신에게 찾아온 기회를 제대로 알아보고 잘 살린 것이다

반대로 기회가 와도 알아채지 못하는 사람도 있다. 후배 중 건강 관련 사업을 하는 친구가 있다. 평소에 친하게 지내던 터라 주변에 홍보도 해 주었지만, 사정이 좀 어려워졌다.

그 모습이 안타까워서 먼저 제안을 했다

"너 내가 하라는 대로 할 수 있겠니?"

"네, 물론입니다."

그는 내가 하라는 대로 했고 얼마 후 매출이 올랐다. 그러고 나서 마음이 바뀐 것인지 더는 내 조언을 듣지 않았다. 내 조언 덕분이 아니라 자기 혼자 성장했다고 착각하는 모양이었다. 그 후는 더 말할 필요도 없다.

이처럼 가끔 장사하는 친구나 후배들에게 이런 저런 자문이나 컨설팅을 해 줄 때가 있다. 나와 정식으로 자문 계약을 맺는 회사에 자문을 할 때는 그에 합당한 자문료를 받는다. 하지만 이제 막 장사를 시작하거나, 형편이 어려운 이들

에게는 무료나 재능기부 수준으로 자문을 한다. 이때도 열린 마음으로 잘 받아들이는 사람이 있는가 하면, 마음을 꽁꽁 닫고 있는 사람도 있다. 최소한의 대가를 치를 준비가 되어 있는지 약간의 테스트를 해 보니 알 수 있었다.

옆에 예수님이 있어도 예수님을 볼 수 있는 사람이 있고, 예수님을 볼 수 없는 사람이 있다. 누군가는 귀인의 그림자만 보고도 알아차리는 아는 반면, 누군가는 바로 옆에 귀인이 얼쩡거려도 알아보지 못하고 그냥 보내 버린다.

결국 자신의 수준만큼 보이는 것이다.

놀깨형이 건네는 한마디

- 사랑하면 알게 되고 알게 되면 보이나니, 그때 보이는 것은 전과 같지 않으리라. – 유홍준
- 성공을 위해 열어야 할 것 세 가지. 귀, 지갑, 마음. – **놀깨형**

당신의 명언

1. 자기선택권, 성장의 프리패스권

① 내 인생의 주인은 나다. 선택도 그 선택의 결과도 모두 나의 몫이다. 책임지면서 성장한다. 즉 선택이 곧 성장이다.

② 생존이냐, 성장이냐. 생존을 택했다면 최선을 다해 생존하라. 성장을 택했다면 자신의 가치를 높이기 위해 노력하라.

2. 성장의 비결?! 태도 갖추기

① 성장의 가장 기본은 올바른 태도이다. 좋은 태도를 가진 사람에게 돈과 사람, 기회도 따라오는 법이다.

② 100원짜리 일을 1,000원어치 하면 1,000원짜리 일이 맡겨진다. 하찮은 일이라도 가치를 발견하여 최선을 다해 보자.

③ 무엇을 하느냐가 중요한 게 아니다. 지금 하는 일을 어떻게 대하느냐가 중요하다.

3. 익숙함을 불편함으로, 불편함을 익숙함으로

① 인풋이 달라져야 아웃풋도 달라진다. 다른 결과를 얻으려면 다른 행동을 하자.

② 변화는 반드시 불편함을 동반한다. 그러나 그 불편함을 이겨야 성장할 수 있다.

4. 성장을 위한 대가

① 인생은 자동판매기와 같다. 내가 대가를 지불하는 만큼만 돌

아온다.

② 돈은 절박함과 애정을 측정할 수 있는 좋은 도구다. 절박한 만큼, 사랑하는 만큼 쓰게 마련이다.

5. 성장을 위한 관성 없애기

① 관성을 없애려면 환경을 바꿔 보자.

② 관성을 없애려면 교육을 받아 보자.

6. 무형의 것을 보는 안목 기르기

눈에 보이는 것의 가치를 판단하기는 쉽다. 그러나 보이지 않는 것의 가치를 제대로 알기란 어렵다.

보이지 않는 것의 가치를 제대로 알아볼 수 있는 사람이야말로 사업을 할 수 있다.

7. 귀인을 알아보려면

① 각자의 가치관에 따라 귀인의 정의는 모두 다르다. 자신만의 '귀인'을 정의해 보자.

② 자신만의 귀인을 찾으려면 열린 마음이 중요하다.

TIC KET

사노라면

테마파크에서

어슬렁어슬렁

— 보다 효율적으로 즐기려면

테마파크에 가면서 계획을 세워 본 일이 있는가?

맨 처음에 무엇을 타고, 다음에는 무엇을 하고….

모르긴 몰라도 철저하게 계획을 세워 그 순서대로 놀이기구를 타는 사람은 드물 것이다. 사실 계획을 세워도 꼭 그대로 실천하기는 어렵기도 하다.

왜냐면 언제나 예상 밖의 일이 일어나기 때문이다. 또 인기 있는 놀이기구는 늘 기나긴 줄이 늘어서 있기 마련이다. 프리패스권을 가지고 있다면 모를까, 빈손으로 줄을 서다 보면 고작 3~4분가량 즐길 놀이기구 한 번 타는 데 몇 시간씩 기다리게 되기도 한다. 처음에는 그래도 할 만하다. 줄을 서서 기다리는 자체가 재미있기도 하니까. 함께 간 사람과

수다를 떨다 보면 금세 차례가 다가오는 것 같기도 하다.

그런데 그런 식으로 놀이기구 몇 개를 타고 나면 슬슬 진이 빠지기 시작한다. 혼자라면 어떻게든 버텨 보겠는데, 이런! 아이가 칭얼거린다. 책임져야 할 사람이 생기면 더는 여유를 부리기 어려워진다. 그때부터는 계획이고 뭐고 없다. 닥치는 대로 빨리 탈 수 있는 것부터 타려고 뛰어다닌다. 더 빨리 피곤해지고 즐기기도 어려워진다.

그렇다면 계획은 필요 없는 것일까? 아니다. 그럼에도 계획은 필요하다.

어차피 지켜지지 않을 테니, 닥치는 대로 마구잡이로 살아도 된다는 말은 아니다.

무엇을 타고 무엇을 포기할 건지, 첫 번째 계획이 틀어지면 두 번째는 어떻게 할 것인지 정도는 대강이라도 정해 놓는 편이 그래도 좀 더 효율적이다. 또한 뜻대로 되지 않을 때 어떤 마음을 먹을 건지도 생각해 두는 편이 좋다.

내 인생에서 일어나는 모든 일은 '경험'이고 그 경험이 나를 이룬다는 것을 꼭 기억하자.

— 경험이 없으면 성장도 없다

나는 뭔가를 시작하기 전에 항상 경험부터 쌓으라고 한다. 어떤 분야의 창업을 하려면 먼저 해당 분야 조직에 들어가 질서와 체계를 배워야 한다. 즉 경험을 쌓아야 한다. 그래야 위험을 줄일 수 있다. 이런 경험 없이 창업하는 건 면허증 없이 운전대를 잡는 것과 같다. 자신이 종사하려는 분야의 조직에 들어가 3~5년은 경험해야 한다.

아직 자신의 길을 찾지 못한 이들 역시 마찬가지다. 하고 싶은 일, 관심 있는 일이 생길 때까지 직접 아르바이트를 해 보거나 간접 체험을 해 보자. 자신이 어떤 일을 할 때 가장 즐겁고 행복한지, 어떤 일을 할 때 별로인지, 어떤 일이 나와 맞는 일인지, 열정이 생기는지는 경험해 보지 않으면 알 수 없다. 경험 속에서 자신이 잘할 수 있는 분야를 찾아 그곳에 열정을 쏟는 것이 중요하다.

아무것도 하지 않으면 아무 일도 일어나지 않는다. 무언가를 도전해 보고 부딪쳐 봐야 시야가 넓어질 수 있다. 무엇보다 청춘은 잃을 게 없다. 가진 게 없으니 잃을 것도 없다. 무엇이든지 도전해 보자. 젊은 시절에는 깊은 경험보다 다양한 경험을 하는 것이 길을 찾는 데 도움이 될 수 있다.

사람도 많이 만나고, 여행도 많이 가 보고, 돈도 벌어 보고 잃어도 보고, 누군가를 도와주기도 하고 도움을 받아도 보고… 이런 수많은 경험이 쌓여 성장하는 것이다. 경험이 많은 사람이 진정 부자다.

1. 최고의 스승이란

언젠가 아이들이 어린 시절 모두 함께 한강에 나들이 갔을 때였다. 주변에 작은 웅덩이가 있었다. 아이들은 웅덩이가 신기한지 들어가고 싶어 했다. 그러자 주변 다른 부모님은 아이들을 말렸다.

"너 저기 들어가면 안 돼. 물에 빠지면 어쩌려고 그래. 미끄러워. 넘어지면 큰일 나."

하지만 나는 아이들에게 들어가 보라 했다. 왜일까? 직접 아이가 들어가 봐야 위험한지, 그렇지 않은지 알 수 있을 테니 직접 경험해 보라는 거였다.

또, 한번은 주말에 차가 엄청 막히는데 아이가 ○○월드에 가자고 졸랐다. 차가 막힐 것이라는 걸 뻔히 알고 있었지만 ○○월드로 향했다. 어땠을까? 주차장에서 ○○월드 문을 들어서기까지 무려 세 시간이 소요되었다. 놀이기구를 타기도 전에 아들은 이미 지쳐 있었다.

"아들, 주말에 ○○월드 오니까 어때?"

"아빠, 주말에 안 왔으면 좋겠어요."

그 이후로는 주말에 가자고 조르지 않는다. 주말의 놀이공원이 어떤지 직접 경험해 보았기 때문이다. 이처럼 나는 무슨 일이든 말로 답을 먼저 알려 주기보다는 경험해 보도록 하는 편이다.

언젠가 지방의 강연장에서 한 부모님이 고민을 토로했다.

"우리 아이가 중학생인데 공부에는 도통 관심이 없고, 화장을 하고 다니는데 정말 뭐가 되려고 하는 건지. 대학이나 갈 수 있을지 너무 걱정이 돼요."

부모님은 자신이 자라던 시절의 모습과 너무 다르니 아이를 야단친다.

"얘, 학생이 무슨 화장이니? 공부나 해."

하지만 나는 딸아이가 중학생이 되어 화장을 하면 이렇게 말할 것이다.

"와, 우리 딸 화장에 관심이 많구나. 이왕 할 거면 제대로 배우는 게 좋겠지?"

그리고 최고의 메이크업 아티스트를 소개해 주며 화장을 배우게 할 것이다. 친구들은 대충 유튜브나 보며 어설프게 화장을 따라 하지만 딸은 전문가한테 제대로 배우는 것이다. 그 과정에서 아이는 화장을 어떻게 해야 할지 어떤 스타일이 나에게 잘 어울리는지 메이크업에 소질이 있는지 등을 저절로 알게 되리라.

부모의 가장 큰 역할은 아이들이 많은 걸 경험할 수 있도록 도와주는 것이라 생각한다. 무엇이 좋은 건지, 안 좋은 건지, 재미있는 건지, 재미없는 건지, 위험한지, 위험하지 않은지 아이들 스스로 경험해 봐야 한다. 대부분 부모님은 경험을 시키기보다 답을 먼저 알려 주려 한다. 그러니 아이들에게 생각하는 힘이 생기지 않는 것이다. 아이는 경험으로 자란다는 말이 있다. 아이에게 꿈을 가지라 말만 하기보다, 많은 경험을 시켜 준 후 꿈을 찾도록 도와주자.

▶ 경험은 가장 좋은 스승

아이들에게 경험이 소중하듯 우리 인생에서도 경험은 성장의 가장 큰 자양분이다. 인생을 성장시킬 수 있는 가장 좋은 방법은 다양한 경험을 많이 해 보는 것이다. 우리는 경험 속에서 성장해 간다.

예를 들어 좋은 사람을 만나고 싶으면 어떻게 해야 할까? 방법은 하나뿐이다. 만나 봐야 한다. 우리가 점쟁이도 아닌데 어찌 알겠는가. 이런 사람 저런 사람 다양한 유형을 만나 봐야 누가 좋은지, 누가 별로인지, 어떤 사람이 나와 맞는지 알 수 있다. 남녀가 연애할 때도 그렇다. 한 명만 만나 본 사람과 여러 명 만나 본 사람의 안목이 같을까? 여러 명을 만나 보면 자신과 어울리는 사람을 금방 알아챌 수 있다.

여행도 이곳저곳 많이 다녀 봐야 어디가 좋은지 알 수 있다. 그래야 장소마다 서로 다른 매력이 있다는 것을 알게 된다. 책이나 영상을 통해서 여행지를 보는 것과 내가 직접 현장에 가서 보고 듣고 느낀 것과는 차원이 다르다. 나는 그어떤 사람보다 국내에 숨어 있는 멋진 여행지를 많이 알고 있다고 자부한다. 이런 자부심은 그간 모터사이클을 30년 타면서 자동차로 갈 수 없는 수많은 곳을 다녀 본 경험에서 나온다.

▶ 경험한 만큼 성장하는 인생

일을 할 때도 마찬가지다. 대개 인간은 어떤 일을 할 때 자신이 과거에 경험한 것에서 길을 찾는다. 이때 경험이 적은 사람은 문제에 부딪쳤을 때 해결할 수 있는 능력이 부족하다. 반면 경험이 많은 사람은 같은 상황에서도 다양한 방법을 찾을 수 있다. 또 경험이 많은 사람은 유사한 상황에 처하면, 이전 경험에서 유추하여 방법을 빨리 찾아낼 수 있다. 이것이 바로 많은 경험이 필요한 이유이다.

나는 지금 과일 유통업, 닭 공장, 소스 공장, 여행업, 교육 사업 등 여러 가지 일을 동시에 하고 있다. 사람들은 어떻게 여러 가지 일을 동시에 할 수 있느냐며 그 비결을 묻는다. 수학의 공식을 알면 어디에든 적용할 수 있는 것처럼 사업도 공식이 있다. 즉 업종이 달라도 공식에 대입만 하면 된다. 닭 가공 유통 사업을 위해서 대규모 공장이 필요할 때였다. 나는 한 번도 공장을 세워 본 적이 없다. 그럼에도 도전할 수 있었던 것은 과일 유통을 하면서 물류창고를 만들었던 경험이 있는 덕분이다. 당시 물류센터를 지으며 얻은 이런 저런 공식이 있었고 그때의 경험을 참고하여 응용해 나가는 것이다.

귀인투어, 우주투어 등과 같은 여행 사업 역시 마찬가지다. 나는 이전에 여행 사업에 대한 경험이 없었다. 그래도 도전할 수 있었던 것은 과거 매장에서 수많은 고객들을 상대했던 경험 덕분이다. 그 경험으로 참가자의 니즈를 파악하고 눈높이를 맞추며 소통하는 것이다. 결국 과거에 경험한 모든 것들이 쌓여서 지금의 내가 된 셈이다.

흔히들 상상력을 펼치라고 한다. 그런데 그 상상력이라는 것도 어느 날 갑자기 하늘에서 뚝 떨어지는 것이 아니다. 이전에 뭔가 경험한 것들이 있어야 그걸 바탕으로 상상력도 발휘할 수 있다. 경험한 만큼 시야가 넓어지고 인사이트도 생기고, 성장도 할 수 있다. 경험한 만큼 알 수 있고 느낄 수 있다. 인생은 경험한 만큼 성장한다.

세상에 좋은 경험, 나쁜 경험, 쓸모없는 경험이라는 게 있을까? 혹시 결과가 좋지 않으면 의미가 없나? 모든 경험은 다 소중하다. 지금은 회사를 운영하지만 안타깝게도 망할 수 있다. 이것 역시 경험이다. 그 과정에서 이렇게 하면 망한다는 것을 배울 수 있다. 7년 전 사건 역시 나에겐 좋은 경험이다. 그 사건으로 배운 것들이 아주 많다. 그 어떤 경험에서든 내가 얻을 수 있는 것이 있다. 경험이야말로 가장 좋은 스승이라 할 수 있다.

2. 빚을 내서라도 꼭 해야 할 3가지

사람마다 자신이 돈을 아끼지 않는 것이 있다. 나는 차에는 관심이 별로 없어서 경차 타고 다니는 것을 좋아한다. 좋은 옷, 좋은 가방, 좋은 시계에도 관심이 없고 아이들 옷도 중고 매장에서 구입한다. 하지만 절대 돈을 아끼지 않는 것이 있다.

▸ **첫 번째, 보는 것**

세상의 크기는 내가 본 만큼이다. 많이 봐야 세상이 얼마나 넓은지 알 수 있다. 넓은 세상을 본 사람은 꿈의 크기도 다르다. 나는 성인이 되기 전에는 해외에 나가 본 적이 없었다. 야채장사를 하면서 배움에 갈증을 느껴 여러 나라를 찾기 시작했다. 남들과 다르게 하고 싶어서 외국을 돌아다니며 독특한 인테리어나 공간 구성 등을 벤치마킹해서 적용했었다. 또, 본격적인 가맹사업을 위해 매장 확대를 고민했지만 국내에는 보고 배울 수 있는 곳이 없었다. 그래서 일본을 찾아가 작은 가게들이 한 지역에서 여러 개의 소규모 점포를 확장해 가는 방식을 유심히 살펴보았다. 일본에 수십 차례 드나들면서 그들의 방식을 연구했고, 실제 매장을 넓혀 갈 때마다 많은 도움이 되었다.

또, 한류 열풍이 불어서 중국에 매장을 오픈할까 고민하던 중 중국을 방문하면서 큰 세상이 있다는 것을 알게 되었다. 이후에도 수입 과일을 공부하면서 외국을 수차례 돌아다녔다. 그러면서 점점 시야를 넓힐 수 있었다.

한때 회사에 있을 때 직원을 해외연수 보내 주던 적이 있었다. 경험이 부족하면 시야가 좁아지고 생각이 확장하지 못하므로, 해외에 가서 많은 것을 보고 더 큰 꿈을 꾸라고 보내 주는 거였다. 세 명의 제자들에게 국내에 머물지 않고 외국행을 제안한 것도 같은 맥락이었다. 수차례 해외를 다녀보면서 세상을 보는 것과 한국에서만 보는 건 너무 달랐다. 이렇게 넓은 세상인데 왜 굳이 한국에만 있었을까. 영어만 좀 더 할 수 있다면 전 세계 어디서든 배우고 나눌 수 있겠다 생각했다. 그래서 제자들도 외국에서 더 큰 세상을 경험하면서 더 큰 꿈을 가지기 바랐다.

그렇다고 무조건 해외에 나가라는 말은 아니다. 핵심은 시야를 넓히라는 뜻이다. 지금 살고 있는 집에서 벗어나 더 멋진 곳에서 살고 싶다면 한 번쯤 펜트하우스에 가 보자. 펜트하우스에 가 봐야 부자들이 어떤 집에서 사는지 알게 되고, 자신도 이런 집에서 살고 싶다는 목표를 갖게 된다. 또 좋은 차를 타고 싶으면, 좋은 차를 빌려서 타 보자. 그러면 이 차가 왜 좋은지, 사람들이 왜 선호하는지 알게 된다. 그리고 자연스럽게 이 차를 사겠다는 목표도 생긴다.

▸ 두 번째, 듣는 것

즉 '교육'을 의미한다. 우리는 왜 배워야 할까? 세상은 아는 만큼 보이고, 아는 만큼 생각할 수 있다. 자꾸 들어야 생각도 커지고 성장할 수 있다. 인풋이 없으면 아웃풋이 없다. 입력이 없으면 출력이 없다. 사람이 성장해 가려면 끊임없이 교육을 받아야 한다.

사람들은 항상 묻는다. 어떻게 하면 돈을 벌 수 있을까? 어떻게 하면 부자가 될 수 있을까?

하지만 돈을 벌기 전에 돈을 담을 수 있는 그릇을 먼저 준비해야 한다. 돈은 모래와 같아서 손에 쥐면 다 흘러가 버린다. 그러니 큰돈을 벌기 위해서는 먼저 큰돈을 담을 수 있게 내 그릇을 키워야 한다. 그래야 밖으로 빠져나가지 않고 내 곁에 있을 것이 아닌가. 바로 그 그릇을 키우는 방법이 바로 '교육'이다.

나는 과거에 야채 파는 일도 전문직이 될 수 있다는 것을 사람들에게 증명해 보이고 싶었다. 그래서 남들과 다른 야채장사를 하기 위해 많은 돈을 들여 가며 발성 연습, 발음 연습, 예절, 서비스 매너, 이미지 메이킹 등의 교육을 받았다. 트럭으로 장사를 하면서도 아끼지 않은 것이 교육비였다. 그간 교육비에 많은 돈을 지불했다. 덕분에 야채장사 전문가라고 인정받을 수 있었다.

어떤 교육을 받느냐에 따라 내 가치도 달라진다. 사관학교에 가서 훈련을 받으면 사관생도가 되고 해병대에 가서 훈련을 받으면 해병대원이 된다. 어떤 교육과 훈련을 받았느냐에 따라서 사람은 달라지기 마련이다. 그러니 교육비는 절대 아끼지 말고, 빚을 내서라도 받으라는 것이다. 나는 "교육에 대한 투자만큼 확실한 투자는 없다."라고 생각한다. 그러니 교육에 쓰는 돈은 절대 아껴서는 안 된다.

물론 강의 한두 번 듣는다 해서 하루아침에 성장할 수 있는 것은 아니다. 산에 오를 때 보면 등산로가 있다. 그런데 처음부터 등산로가 있었을까? 사람들이 반복해서 같은 길을 계속 가다 보니 등산로가 된 것이다. 교육도 마찬가지다. 매일 반복하면 자신만의 등산로가 생긴다. 교육을 반복하면 훈련이 되고, 훈련을 반복하면 습관이 되는 법이다. 매일 반복해서 배우고 듣고 익히는 훈련을 통해 내 것을 만들어 가면 나만의 등산로가 만들어진다.

▶ 세 번째, 먹는 것

단순히 맛이 좋은 음식을 배불리 먹으라는 것이 아니다. 많이 먹으라는 게 아니라 하나를 먹어도 최고를 먹어 보라는 것이다. 최고급 식당에 가서 식사를 해 보면 음식은 물론 서비스, 인테리어, 소품 등 모든 것이 다르다. 부자들이 왜 최고급 식당을 찾는지 알 수 있다. 그들이 어떤 방식으로 소비자의 지갑을 여는지 경험해 보고, 이를 자신의 업에 적용하면 된다.

어떤 이들은 김치찌개 식당에 무슨 서비스가 필요한가 의아해할 수 있다. 그들은 스텐 그릇이나 뚝배기에 맛있는 김치찌개 만들어서 손님에게 주면 최고라 생각한다. 하지만 최고를 경험한 사람은 김치찌개 식당을 해도 다르게 한다. 매장 인테리어, 분위기, 접객 방법, 그릇 등 세세하게 체크 리스트를 만들어서 고객의 반응을 확인하고, 더 잘될 수 있는 방법을 찾는다.

꼭 최고의 식당이 아니라도 좋다. 최고의 서비스를 경험할 수 있는 곳이면 어디든 좋다. 고가의 맞춤 양복을 사 보면 최상의 서비스를 배울 수 있다. 스타벅스에서 커피를 마시는 것도 좋지만 가끔은 열 잔 마실 돈을 모아서, 값비싼 호텔 커피숍에도 가 보는 것이다. 또 저가 의류 매장에서 옷을 사는 것도 좋지만 돈을 모아서 값비싼 옷도 한 번 입어 보자. 내가 최고를 경험해 보아야 최고의 서비스도 제공할 수 있는 것이다. 그렇다고 사치를 하라는 것은 절대 아니다. 최고를 경험해 보라는 뜻이다.

내 삶의 모토는 '경험이 없으면 성장도 없다'이다. 새로운 경험을 하지 않고서 성장하기란 쉽지 않다. 새로운 경험 속에서 자신의 가치관이 바뀌고 생각이 바뀐다. 앞에서 말한

보는 것, 듣는 것, 먹는 것. 이 세 가지는 새로운 경험을 위해 꼭 필요한 것들이다. 그러니 이를 위해서는 절대 돈을 아끼지 않아야 하며 빚을 내서라도 꼭 해야 한다.

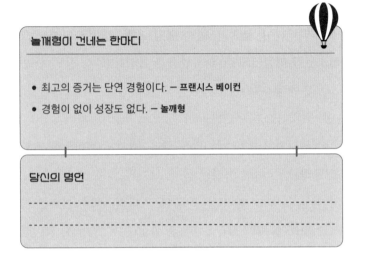

늘깨형이 건네는 한마디

- 최고의 증거는 단연 경험이다. **– 프랜시스 베이컨**
- 경험이 없이 성장도 없다. **– 늘깨형**

당신의 명언

----

3. 경험한 것만 말하기

평소에 나는 호기심이 참 많은 사람이다. 이 호기심은 언제나 바로 행동으로 이어진다.

언젠가 한 햄버거 매장 앞을 지나가는데 대기 줄이 엄청 길게 늘어서 있었다. 수십 명의 사람들이 햄버거 하나를 먹겠다고 서 있는 걸 보고 조금 갸우뚱했다. 게다가 햄버거 가격이 무려 14만 원이었다.

'도대체 얼마나 맛있으면 저렇게 줄까지 서며 먹는 걸까?'

호기심이 발동해서 나도 그 대기 줄에 동참해 보았다. 그러고 알게 되었다.

'역시 내 입맛은 저가구나.'

내 입맛에는 롯데리아나, 맥도널드, 버거킹 햄버거가 더 맛있었다. 이처럼 음식도 직접 먹어 봐야 이렇다 저렇다 말할 수 있다.

▸ 사기꾼이 따로 있나?

그런데 자신이 경험하지 않은 것을 마치 잘 알고 있는 것처럼 말하는 사람이 있다. 부자가 되어 봐야 부자의 마음을 알 수 있고, 리더가 되어 봐야 리더의 마음을 알 수 있는 법이다. 또 부모가 되어 봐야 부모의 마음을 알 수 있다. 경험하지 않고 경험한 것처럼 살아가는 삶은 불쌍한 삶이라 생각한다.

간혹 자신이 경험하지 않은 것을 마치 경험한 것처럼 말하는 사람이 있다. 자신이 경험하지 않은 걸 얘기하는 사람,

속칭 사기꾼이 너무 많다. 회사에 몸담았을 때 유명 강사를 초청해서 많은 교육을 진행했다. 그런데 간혹 강사 중에서 책을 통해서 얻은 지식을 마치 자신이 경험한 것처럼 말하는 경우가 있었다. 또, 저자가 자신이 경험한 내용을 이야기하는 게 아니라, 다른 사람 말만 인용하다가 끝나는 책도 있다. 저자의 경험을 통해 배우고 싶어서 책을 읽는 사람에게 실제 경험담이 일부분에 그치면 실망스럽다.

▸ 경험하지 않은 것은 말하지 말라!

요즘엔 모든 지식을 영상에서 얻는 시대다. 그런데 유튜브나 온라인에 보면 경험하지 않고 말하는 사람들이 너무 많다. 창업 전문가라고 자신을 소개하면서 이런 저런 방법을 알려 주는 사람이 있다. 그들은 그럴싸한 자료를 만들어서 이런 저런 업종이 유망하다며 창업을 하라고 열변을 토한다. 그런데 그들 중에는 창업을 한 번도 해 본 적이 없는 사람도 있다. 또, 부동산 전문가라며 이런 저런 투자법을 소개하는 사람들도 많다. 그렇게 자신 있으면 자기가 가장 먼저 투자했을 텐데. 그들의 말대로라면 그들이 먼저 부동산 투자로 최소 수백억 자산가가 되어 있어야 한다. 하지만 정작 그런 사람은 정말 드물다.

또, 부자 되는 방법을 알려 준다는 사람도 세상에 너무도 많다. 그들 중 진짜 부자인 사람은 몇 명이나 될까? 세이노 님의 말씀 중에 '부자 되는 법을 강의하는 사람들은, 강의를 해서 부자가 되려는 사람'이라는 내용이 있다. 나 역시 이 말에 크게 공감한다. 주변에 수백억대 자산가 지인들이 있지만, 그들은 유튜브에 나와 부자 되는 법을 알리지 않는다. 오히려 노출을 극도로 꺼린다. 노출돼 봐야 좋을 게 별로 없다는 것을 알기 때문이다.

사람에 대해서 평가할 때도 적어도 그 사람을 만나 본 후에 해야 한다. 나는 예전에 책을 읽고 나면 저자를 꼭 만나 보려고 했다. 그 사람의 실제 모습이 어떤지, 책의 내용과 그 사람의 언행이 일치하는지, 책의 내용을 잘못 해석하고 있는지, 이 사람이 과연 책처럼 사는지 아니면 책보다 훌륭한지 혹은 책보다 못한지…. 만나 보기 전에는 그 사람에 대해서 함부로 이렇다 저렇다 말할 수가 없다.

그런데 우리는 자신이 경험해 보지 않고 남의 얘기를 듣고 누군가를 평가한다. 예를 들어 지인이 A라는 사람에 대해서 성격이 못됐다거나 이기적이고 잘난 척하는 사람이라고 비난하면, 나 역시 지인에게 감정이입이 된다. A를 만나 본 적도 없으면서 그 사람을 비난하고 나쁜 사람이라고 단정 짓는다. 하지만 나는 만나기 전에는 A에 대해 평가하지 않는다. 누군가 A에 대해서 이러쿵저러쿵 말할 때면 "내가 만나 보고 결정할게."라고 답한다. 실제 A를 만나 보면 나쁜 것이 아니라 그저 다른 성향의 사람인 경우가 많다. 사람은 서로 다른 것이 당연하다. 그러나 대부분 자신과 결이 다르면 나쁘다고 한다.

사람들은 생각을 마치 사실처럼 이야기하곤 한다. 그렇지만 내가 보지 않고, 듣지 않고, 확인하지 않은 것은 이야기해서는 안 된다. 뭐든 경험한 것만 말할 수 있어야 한다. 나는 내가 직접 경험하지 않는 것은 절대 이야기하지 않는다. 이것은 내 철칙이다.

놀깨형이 건네는 한마디

- 경험하여 알기 전에는 그 무엇도 진짜가 아니다. ─ 존 키츠
- 맛있는 걸 먹어 봐야 맛을 알지!─ 놀깨형

당신의 명언

----

4. 내 인생의 내비게이션, 스승 찾기

나는 오랫동안 취미생활로 모터사이클을 타고 있다. 혼자서 타기도 하지만 여러 명과 함께 다닐 때도 있다. 이때 앞사람의 역할이 굉장히 중요하다. 앞사람이 넘어지면 뒷사람도 그 구간을 지날 때 꼭 넘어진다. 그래서 대개 경험이 많은 고수들이 맨 앞에서 내비게이션 역할을 한다. 그러면 뒤에 따르는 사람들도 사고 없이 무사하게 지나갈 수 있다.

우리 인생에서도 앞에서 나를 잘 이끌어 줄 수 있는 경험 많은 고수, '스승'이 필요하다. 대개 성인이 되기 이전에는 부모님이 내비게이션 역할을 한다. 이후 사회에 나오면 직장 상사나 대표가 그 역할을 대신할 수도 있다. 그게 누구든 내가 믿고 따를 수 있는 내비게이션이 필요하다.

스승은 나보다 앞서 그 길을 걸은 사람으로 수많은 시행착오를 거치면서 수많은 경험과 노하우를 가지고 있다. 그러니 어떤 고민이 생기면 스승에게 물으면 된다. 스승은 내가 1년 동안 고민할 문제를 하루면 해결해 줄 수도 있다. 스승은 나를 목적지까지 가장 빠르고 안전하게 안내해 주는 내비게이션이다.

물론 꼭 스승이 아니라도 배울 수 있는 방법은 많다. 예전과 다르게 요즘엔 어디서든 지식을 쉽게 얻을 수 있다. 의지가 있다면 배울 수 있는 수단은 널려 있다. 하지만 내 경험상 사람은 사람과의 관계에서 가장 크게 성장할 수 있다. 스승과 소통하고, 피드백을 받으며 우리는 훨씬 빠르게 성장해 갈 수 있다.

사람마다 스승의 정의와 기준은 다를 것이다. 내가 생각하는 스승은 돈이 많거나 지식이 많거나 사회적으로 유명한 사람이 아니다. 배우고 싶은 분야에서 이미 경험하고 행동한 사람이다.

또, 무조건 나보다 나이가 많은 사람만이 스승이 될 수 있는 건 아니다. 나이가 적어도 배울 게 있다면 그 사람이 나의 스승이다. 나이 먹었다고 해서 어른이 아니고 나이가 어리다고 해서 아이가 아니다. 나이에 걸맞은 말과 행동을 함으로써 어른으로 대접받을 수 있는 법이다. 오래 살았다고 모두 어른이 되는 건 아니다. 비워 낸 밥그릇 수가 더 많다는 건 나이가 많다는 증거일 수는 있으나 대접받을 근거는 아니다. 세상에는 열정 없이 세월만 보낸 사람들이 의외로 많다.

어린 시절부터 온갖 어려운 일을 겪으며 혼자 힘으로 스스로의 삶을 일궈 낸 20대 청년과 평생 온실 같은 부잣집에서 살며 남이 해다 준 밥 먹고 살아온 60대 노인 중 누가 깊이 있는 삶을 살았다고 할 수 있을까. 두 사람 중 하나를 스승으로 삼아야 한다면 누구를 스승으로 삼고 싶은가.

▸ 스승의 조건

무엇보다 스승은 나와 언제든 소통할 수 있어야 한다. 즉, 스승과 제자의 관계는 어려워서는 안 된다. 언제든지 연락할 수 있고, 언제든지 편하게 물을 수 있어야 한다. 나는 스승으로 모시고 있는 분들에게 언제든 연락해서 묻고 싶은 것은 무엇이든 질문을 한다.

내가 사람들에게 항상 하는 질문이 있다.

"여러분의 인생에는 스승이 있습니까?"

그러면 대부분 스승이 있다고 대답한다.

"어떤 분이 스승이세요?"

다들 자신이 마음속에 생각하는 사람들을 이야기한다. 그들에게 다시 묻는다.

"그럼, 그분들에게 지금 연락해서 물어보세요. 그분들도 여러분을 제자로 생각하는지."

이 질문에는 좌중이 조용해진다. 방금 전까지 스승이나 멘토가 있다던 이들이 아무 말도 못 한다.

그분들 중 '나의 제자가 맞다'라고 이야기해 줄 사람이 몇 명이나 있을까. 거의 없다. 혼자만의 짝사랑인 셈이다.

또, 멘토가 있다는 사람들에게 이렇게 묻는다.

"그분이랑 혹시 식사해 본 적 있어요? 차라도 한잔 마셔 본 적 있어요?"

다들 아무 말이 없다.

"그럼 그분들이 왜 여러분의 멘토죠?"

"책을 읽었는데 감동받았어요. 그 사람 생각이나 마인드 가 너무 좋아요."

물론 책이나 강연을 듣고 공감하고 감동받을 수 있다. 그 러나 내 기준으로 봤을 때 그런 이들은 나에게 영감이나 아 이디어를 준 사람일 뿐이다.

'멘토'라는 단어는 〈오디세이(Odyssey)〉에 나오는 오디세 우스의 충실한 조언자의 이름에서 유래한다. 오디세우스가 트로이 전쟁에 출정하면서 집안일과 아들 텔레마코스의 교 육을 그의 친구인 멘토에게 맡긴다. 오디세우스가 전쟁에서 돌아오기까지 무려 10여 년 동안 멘토는 왕자의 친구, 선생, 상담자, 때로는 아버지가 되어 텔레마코스를 잘 돌보아 주 었다. 이후로 멘토라는 이름은 지혜와 신뢰로 한 사람의 인생을 이끌어 주는 지도자와 동의어로 사용되었다. 오래전 이야기라 지금의 상황에 그대로 적용되기는 어려울 것이다. 그럼에도 멘토라면 적어도 부모와 같은 사람이어야 한다. 언제든 내 생각이나 행동에 대해 조언을 해 줄 수 있는 사람이다. 내가 삶을 어떻게 풀어 가야 할지 모를 때 보고 배울 수 있는 사람, 피드백을 줄 사람, 그런 사람을 찾아야 한다.

▸ 분야별로 스승을 두자

스승을 찾을 때도 한두 명이 아니라 각 분야별로 찾았으면 한다. 예를 들어 몸을 만들고 싶다면 헬스클럽 혼자 1년 다니기보다 PT 30회 등록해서 제대로 배우는 편이 훨씬 효율적이다. 또, 예뻐지고 싶다면 그 분야의 전문가를 찾아가서 예뻐질 수 있는 여러 방법을 배워야 한다. 옷을 잘 입고 싶으면 전문 스타일리스트를 찾아가 대가를 치르고 가르쳐 달라 해야 한다. 이처럼 각 분야별 전문가를 스승으로 삼아 그들에게 맡기고 배우며 물어야 한다.

세상을 살아가는 가장 쉬운 방법은 각 분야별 전문가에 외주를 주는 것이다. 그러나 많은 이들이 혼자 다 하려고 한다. 그러니 너무나 힘들 수밖에. 나에게는 일, 가족, 건강, 아이교육, 인간관계, 부부관계, 스타일, 영성… 등 분야별로 26

명의 스승님이 있다. 그분들에게 항상 내 고민을 맡기고 있다. 그러면 나는 내가 잘하는 것만 집중할 수 있다.

예를 들어 인간관계에 대해서는 ○○ 원장님에게 많은 것을 배운다. 그분은 항상 삶에 대한 지혜나 깨우침을 준다. 그분과 대화를 하고 나면 머릿속이 맑아지며 고민이 해결된다. 또, 영적인 부분의 스승님은 ○○ 장관이다. 마음의 안정이 필요할 때 그분에게 연락한다.

"저 요즘에 이런 고민이 생겼는데 어떻게 해야 할까요?"

스승님은 자신의 경험을 빗대어 여러 말씀을 들려주신다. 이처럼 고민이 생기면 언제든 관련 분야의 스승이나 멘토에게 여쭤본다. 그러면 쉽게 문제가 해결되곤 한다.

놀깨형이 건네는 한마디

- 세 사람이 걸어가면 그중에 반드시 스승이 있다. – 공자
- 지금 당장 통화할 수 있는 사람이 스승이다. – 놀깨형

당신의 명언

---

5. 죽을 때까지 배우는 인생

내가 모터사이클을 탄다고 하면 주변 반응은 하나같이 부정적이다. 그렇게 위험한 걸 왜 타느냐는 반응이다. 왜 그럴까? 제대로 배워서 타는 사람을 본 적이 없어서다. 나는 30년 동안 타고 있지만 한 번도 사고 난 적이 없다. 처음부터 제대로 배우고 시작한 덕분이다. 모터사이클을 처음 배울 때 교육비로 많은 돈을 지불했다. 지금도 1년에 한 번씩은 꼭 운행 습관을 교정 받는다. 제대로 배우면 얼마든지 행복하게 탈 수 있다.

나는 모터사이클을 타고 싶어 하는 사람들에게 꼭 당부한다. 1,000만 원 교육비를 먼저 쓰고 1,000만 원 안전장비를 구입하고 300만 원 스쿠터로 시작하라고. 하지만 사람들은 300만 원 스쿠터를 먼저 구입하고 50만 원 안전장비를 구입한다. 그리고 배우지 않고 타다 사고로 병원비 수천만 원을 지불한다. 이런 친구들을 볼 때마다 너무 안타깝다. 처음부터 제대로 배우고 시작했으면 큰 사고를 막을 수 있었을 텐데….

▸ 제대로 배우고 시작하기

살아 보니 모터사이클 타는 것보다 몇 배는 더 위험한 것이 인생이다. 목표로 하는 일이 있다면, 먼저 제대로 배우고 시작하자. 배우고 시작하면 실패를 줄이고 기회비용을 줄일 수 있다. 장사를 시작할 때도 그냥이 아니라 제대로 배우고 시작해야 한다. 그래야 그 분야에서 인정도 받고 돈도 벌 수 있다. 야채장사라 하면 흔히 '가락시장 가서 싸게 사서 싸게 팔면 돼.' 이렇게 단순하게 생각한다. 하지만 야채장사를 해도 1년 동안 계절별로 어떤 채소가 나오는지 배워야 한다. 그래야 손님들에게 뭐라고 설명할 수 있을 것이 아닌가. 손님보다 야채를 모르면서도 판매하는 사람이 수두룩하다.

우리나라는 OECD 국가 중에서 자영업 비율이 제일 높다. 2020년 기준으로 창업할 경우 성공률은 여전히 5%다. 100명이 창업하면 70명은 1년도 버티지 못한다. 전체 창업자 중에서도 3%는 돈을 벌지만, 17%는 현상 유지만 한다고 한다. 75%는 1년 이내에 망하고, 나머지 20%도 2년 이내에 망한다. 제대로 배우지 않고 시작해서이다. 어떤 분야든 제대로 배우고 시작하면 안전하다. 배우고 시작하면 실패를 줄이고 기회비용을 줄일 수 있다.

자신이 일하는 분야만을 말하는 게 아니다. 인생을 살아가는 데 있어 배우고 익혀야 할 부분이 너무 많다. 남들은 내가 레크리에이션을 전공해서 강의를 잘한다고 한다. 물론 유리한 점은 있다. 하지만 그것은 일부분이다. 대중 앞에서 내 이야기를 더 전달하고 싶어서 그간 스피치 훈련, 발성법, 질문법 등 모두 비용을 지불하고 배웠다.

옷 입는 방법에 대해 교육받는 사람은 별로 없다. 나는 평소에 옷을 잘 입는 걸 좋아했다. 그중 정장을 입는 걸 제대로 배우고 싶었다. 국내에서 정장으로 유명한 장미라사, 포튼가먼트, 서장혁 대표 등을 찾아가 대표들에게 옷 입는 법, 코디하는 법, 스타일링법 등을 배웠다. 그것도 아주 많은 비용을 지불하고. 그때의 경험으로 옷 입는 법에 대해 강의하고 컨설팅을 하는 것이다.

이처럼 세상에는 배워야 할 것들이 너무 많다. 걷기, 쓰기, 먹기, 호흡하기, 청소하기, 자녀교육, 부부 관계, 처세술, 인간관계, 질문하기 등 모든 걸 배워야 한다. 하다못해 잘 쉬는 것까지도 배워야 한다. 긴장하는 것은 가르쳐 주지 않아도 누구나 할 수 있다. 반면 쉬는 것, 노는 것은 전문가의 안내가 필요하다. 그러니 뭐든 배워야 한다. 내 삶의 모토는 '뭐든지 제대로 배우고 시작하자'이다.

▸ 인생에서 꼭 배워야 할 4가지

그중에서도 우리가 꼭 배워야 할 몇 가지가 있다.

첫 번째는 결혼이다.

우리는 결혼이라는 제도 안에서 50여 년 이상 배우자와 함께 살아간다. 하지만 결혼을 준비하고 시작하는 사람은 전체 인구의 0.01%도 안 된다. 대부분은 결혼 예비학교의 존재조차 모른다. 우리는 결혼만 하면 당연히 행복해질 거라 믿는다. 그런데 결혼 후 더 불행해지는 일도 많다. 그러니 결혼도 사전에 배우고 준비해야 한다. 준비한 만큼 행복해질 수 있다. 그런데 결혼은 준비하지 않으면서 결혼식을 준비한다. 남에게 보여 주기 위한 2~3시간에 엄청난 돈과 에너지를 쓴다. 그 돈과 에너지를 '진짜' 결혼을 준비하는 데 써야 한다.

결혼식을 마치면 그걸로 끝일까? 결혼 후에도 관계 유지를 위해 노력해야 한다. 우리는 건강관리를 위해 주기적으로 종합검진을 받는다. 그것처럼 부부관계에도 관리가 필요하다. 나는 결혼 후 지금껏 꾸준히 부부 상담을 받고 있다. 이전에 회사를 운영할 때 의무적으로 전 구성원이 년 6회 부부 상담, 또는 이성친구와 상담을 받도록 했다. 주기적으로 관리하면 그 관계가 훨씬 좋아지고 행복해질 수 있다.

두 번째는 자녀 교육과 부모 되는 교육 받기다.

대부분 부모 되는 훈련을 받지 않고 아이를 낳는다. 그뿐인가. 아이를 키울 때도 훈련을 한 번도 받아 보지 않는다. 자녀를 키울 때 대부분 자신이 살아온 경험이나 관성으로 자녀를 키운다.

아내가 임신하면서 같이 출산과 육아에 대해서 공부했다. 아이 두 명 모두 내가 직접 목욕 시키고 기저귀도 갈고, 잠도 재웠다. 주변에서는 아이를 돌보는 내 모습을 보고 깜짝 놀랐다. 하지만 육아를 꼭 엄마만 해야 할까? 함께 배우고 함께해야 한다. 자녀교육도 부모가 먼저 배워야 한다.

많은 부모가 무엇을 하면 좋은지 모르니, 아이에게 하지 말라는 말만 한다. 해서 안 되는 것보다 해서 좋은 것을 알려 주는 방법이 분명히 존재하는데도.

"이거 하지 마.", "저건 안 돼." 이렇게 말하기보다 "이걸 하는 것보다 저걸 하는 건 어떨까?", "저것보다는 이것이 좀 더 좋아 보이는데, 너는 어떠니?" 이런 식으로 말하는 법도 배우자.

나는 자녀교육을 위해 관련 서적을 읽으며 공부하는 것은 물론이고, 여러 자녀 교육 방법과 프로그램을 찾아다니며 계속 배웠다. 우리 모두 엄마 아빠가 처음이니 당연히 배우고 시작해야 한다.

부모가 되는 것 역시 공짜가 아니다.

세 번째, 행복해지는 법이다.

많은 사람들이 성공하는 법을 배우는 데에는 큰돈도 아끼지 않는다. 하지만 행복해지는 법에 대해 돈을 지불하고 배우는 사람은 거의 없다. 인생은 편도 승차권 한 장만 손에 쥐고 떠나는 단 한 번뿐인 여행과 같다. 되돌아오는 길이 없다. 한 번뿐인 인생, 이왕이면 행복하게 살아야 하지 않을까. 배우고 훈련하면 얼마든지 행복해질 수 있다.

그러기 위해 자신만의 '행복 매뉴얼'을 만들어 보면 어떨까. 우리는 행복이 대단한 거라 생각하지만, 의외로 사소하다. 또 행복은 멀리 있는 것이 아니다. 나와 아주 가까이에 있다. 무엇보다 행복은 강도가 아니라 빈도이다. 하루를 보내면서 자신이 행복하다고 느끼는 순간들을 적어 보자. 남이 아니라 자기의 생각을 적어야 한다. 나의 사소한 행복 중 첫 번째는 나훈아 선생님 노래를 듣는 것이다. 선생님의 가사가 매우 멋있고 철학적이어서 매력에 흠뻑 빠졌다. 두 번째는 점심 먹기 전에 아이스 아메리카노 한 잔 마시기. 세 번째, 점심 후 좋아하는 동생이나 선배님에게 연락하기 등등. 이렇게 적어 보는 것이다. 이러한 사소한 행복이 모여 인생이 된다. 자신이 행복한 순간을 정리해 보라면 어색해하는 사람이 많다. 자기 자신을 돌아보고 정리해 본 적이 한 번도 없어서이다. 행복해지는 것도 연습과 훈련이 필요하다.

네 번째는 돈을 제대로 쓰는 법이다.

돈은 버는 것도 중요하지만 쓰는 것이 더 중요하다. 돈을 수집만 하고 베풀 줄 모르는 사람들이 있다. 나는 이들을 '부자거지'라 생각한다. 반면 경제적으로 가난해도, 베푸는 사람이 진짜 부자다. 진정한 부자는 자신이 아니라 남에게 쓰는 사람이다. 좋은 시계 차고, 좋은 차 타고 다니면 자기한테만 쓴 것이다. 이러면 그저 자기 자신 하나에서 부가 끝난다. 반면 자신이 아니라 남을 위해서 쓰면 부가 널리 퍼진다. '나' 하나에서 부가 끝나는 게 아니라 여러 사람에게 더 넓게 퍼지는 셈이다. 그러려면 돈을 가치 있게 쓰는 법도 배워야 한다.

누군가의 눈에는 내가 배우는 것에 지나치게 집착이 강한 듯 보일 수 있다. 하지만 배워야 성장할 수 있다. 한 살한 살 나이를 먹지만 나 역시 여전히 인생을 사는 게 서투르다. 쉰은 지천명이라지만 아직도 인생이 어렵다. 우리는 죽을 때까지 배워야 한다. 배워야 성장할 수 있다. 밥을 먹지 않으면 배가 고프다. 그러나 밥을 안 먹어서 배고픈 건 배고픔이 아니다. 진정한 배고픔은 바로 지식을 넣지 않는 배고픔이다. 죽을 때까지 배워야 성장할 수 있다. 배울 것이 없다고 생각하는 순간, 배우지 않는 순간 퇴보하게 된다. 나는 지금도 시간이 되는 대로 새로운 것을 배우고 있다. 쉴 새 없이 흘러내리는 시냇물은 썩지 않는다. 사람도 마찬가지다. 날마다 새로운 것을 배우고 받아들이는 사람은 활기에 넘치고, 얼굴에 빛이 난다. 아는 자가 되지 말고 언제까지나 배우는 자가 되었으면 한다.

놀깨형이 건네는 한마디

- 항상 무언가를 듣고, 항상 무언가를 생각하며, 항상 무언가를 배우자. 아무것도 배우지 않는 자는 인생을 살 자격이 없다. — 아서 헬프스
- 배워라, 쫌! — 놀깨형

당신의 명언

----

6. 비워야 차는 그릇

운동경기 중 축구나 농구를 보면 위기 상황이나 분위기 전환을 위해서 중간에 경기를 일시 정지시키는 사람이 있다. 바로 감독이나 코치다. 모든 선수가 그들의 한 마디 한 마디에 초집중하며 따르려 노력한다. 그 모습을 보던 중 문득 이런 생각이 들었다.

우리 인생에 게임을 정지시킬 수 있는 코치는 누구일까? 바로 스승이다. 스포츠 경기에서 코치가 있듯이 우리에게는 '스승'이 있다.

그러면 나는 스승의 가르침대로 따르고 행동하고 있을까? '그렇다'라고 고개를 끄덕이는 사람은 별로 없을 것이다. 누군가를 스승으로 정하는 것은 스승의 가르침대로 잘 따르고 행동하겠다는 것이다. 그런데 그런 사람이 드물다. 학생이 없는 것이다. 그러니 스승도 없는 것이다. 스승의 가르침을 제대로 배우려면 먼저 자세, 태도부터 갖춰야 한다. 아무리 좋은 말씀과 가르침을 주려 해도 배우는 자세가 되어 있지 않으면 소용이 없다.

▶ 첫 번째, 자신의 생각을 비우자.

내가 가진 가장 큰 장점은 무슨 일을 배울 때 내 생각을 섞지 않는다는 점이다. 장사를 배우던 시절, '장사치'가 아니라 '장사꾼'이 되고 싶었다. 그래서 전국으로 스승을 찾아다니며 여러 종류의 과일 고르는 법을 배웠다. 스승님에게 뭔가를 배울 때는 항상 머릿속을 비우려 했다. 나는 아무것도 모른다는 생각으로 스승님 말씀 하나 하나에 집중했다. 그 덕분에 더 깊고 자세히 배울 수 있었다.

나는 그간 많은 이에게 장사의 노하우를 전달하는 일을 해 왔다. 그런데 아무리 가르쳐도 변화가 없는 사람이 있다. 이미 장사 경험이 있는 사람이다. 그들에게는 뭔가 알려 줘도 쉽게 받아들이지 못한다. 왜일까? 그들이 가지고 있는 잘못된 신념 때문이다. 그들은 자신이 알고 있는 것이 최고라는 태도, 자기가 생각하는 것이 옳다는 믿음, 기존에 알고 있는 것이 맞는다는 아집을 버리지 못한다. 내가 무슨 말을 해도 '저건 안 될 거야.', '저건 해 보지 않아도 뻔해.', '나 저거 해 봤는데 어차피 안 돼.' 등 이런 생각이 앞선다. 그러니 배우지 못하고, 한 발짝도 나아가지 못한다. 그러니 무슨 성장이 있고 발전이 있겠는가. 자신의 잘못된 신념을 버리지 않는 한 절대 성장할 수 없다.

그래서 한 가지 원칙을 세웠다.

'이전에 장사했던 사람은 절대 가르치지 말자!'

장사를 처음 시작하는 사람은 머릿속이 하얀 도화지다. 이들은 무엇을 가르쳐도 그대로 흡수한다. 반면 장사 경험이 있는 사람은 머릿속에 너무 많은 그림이 그려져 있다. 잘못된 생각, 선입견, 편견, 고정관념 등을 지우기가 쉽지 않다. 그것들을 지우고 다시 그리려면 엄청난 시간과 에너지가 필요하다. 처음 배우는 사람에게 1의 에너지가 필요하다면, 경험이 있는 사람에게는 5가 필요하다. 5배가 더 힘들다. 그래서 이전에 장사를 했던 사람은 가르치지 않겠다는 것이다. 뭔가를 배우고 싶다면 자신을 백지로 만들어야 한다. 이미 그림이 가득한 종이에는 뭘 그려도 알아볼 수 없다. 아예 새 종이를 가지고 와서 새로 그리는 편이 훨씬 낫다.

물론 스승의 가르침 중 자신이 알고 있는 내용도 있을 수 있다. 그렇지만 이때도 모른다는 자세로 배울 수 있어야 한다. 자신이 다 안다고 생각하는 순간부터 배움과는 멀어진다. 장사를 20년 했다고 해서 장사에 관한 모든 것을 다 알까? 아니다. 나는 야채장사를 20년 넘게 했지만 항상 내가 모른다고 생각했다. 그래서 업계 관계자들을 만나면 그분들의 이야기를 듣고 경청했다. 또, 농산물 관련된 서적도 틈나는 대로 계속해서 읽었다. 모르기 때문이다. 주말에 백화점이나 마트에 갈 때도 항상 농산물 코너를 돌았다. 모르기 때문에 배워야 한다 믿었다. 자신이 어떤 분야에 대해 잘 안다고 해도 전부 아는 건 아니다. 그래서 모른다는 자세로 계속 나를 낮추고 계속 배워 나갔다. 그래야 더 많이 배울 수 있다.

나를 비워야 비로소 내가 채워진다.

▸ 두 번째, 자신이 배우고 싶은 부분에만 집중하자.

인간 중 누구도 완벽한 사람은 없다. 스승도 사람이기에 자신의 전문 분야 이외에는 서투르고 아쉬운 부분도 많다. 그런데 많은 이들이 스승에게 뭔가를 배울 때 그가 모든 분야에서 완벽하기를 바란다. 그러면 제대로 배울 수가 없다. 수학 선생님에게서는 수학만 배우자. 수학 선생님에게 국어나 영어를 기대해서는 안 된다.

많은 이가 스승과 친밀감이 생기면 본능적으로 다른 부분까지 평가하려 한다. 옷을 잘 입는 방법을 가르치는 스승에게는 옷 입는 법만 배우면 된다. 그런데 친밀감이 생기면 평가를 한다.

누군가 나를 스승으로 삼아 장사를 배우고 싶다고 하자. 그러면 나에게서 야채 고르는 법, 과일 고르는 법을 배우면 된다. 그런데 나와 친해지면 다른 부분에 대해 평가한다. '영석 형은 성격이 너무 급해.', '밥 먹을 때 자기 마음대로 다 시켜.', '말을 함부로 해.' 이런 자세가 제일 위험하다. 평가하는 순간 더 이상 배우기 어려워진다. 그러면 정작 배우고 싶은 것마저 제대로 배울 수가 없어진다. 스승의 다른 영역에 대해서는 내가 관여하거나 판단할 이유가 없다. 배우고 싶은 부분에만 집중하자.

▸ 세 번째, 독하게 배우자.

누구나 자신의 지식을 다른 사람에게 친절하게 가르쳐 주지 않는다. 어렵게 얻은 경험과 노하우이므로 쉽게 가르쳐 주기엔 아깝다는 생각이 드는 것은 당연하다. 그러니 뭔가를 배우고 얻기 위해서는 그만큼 스스로 끝없이 노력해야 한다.

나는 장사를 하면서 수많은 스승을 만났다. 그분들 중 자신의 노하우를 자상하게 가르쳐 준 분은 단 한 명도 없었다. 그러니 알려 주기를 바라지 말고 내가 적극적으로 배워야 한다. 부동산으로 돈을 벌고 싶다면 부동산으로 성공한 사람을 찾아가서 거머리처럼 찰싹 달라붙어 그 사람 밑에서 보고 배워야 한다. 그런다고 그 사람이 쉽게 가르쳐 주지는 않을 것이다. 귀한 가르침일수록 그들도 많은 대가를 치러 가며 어렵게 얻었을 것이다. 그러니 자상하게 다른 사람에게 가르쳐 줄 리가 없다. 그때 포기하지 말고 죽기 살기로 매달려서 배워야 한다. 떠먹여 주기를 기다리는 게 아니라 내가 알아서 퍼먹어야 한다.

놀깨형이 건네는 한마디

- 최고의 스승은 무엇을 봐야 할지가 아니라 어디를 봐야 할지를 가르쳐 주는 사람이다. **— 알렉산드라 K. 트렌퍼**
- 스승을 찾기 전에 제자가 될 준비부터! **— 놀깨형**

당신의 명언

----

7. 실패 배우기

몇 년 전, 복싱을 배우고 싶어서 체육관을 찾았다. 형이 복싱 선수여서 어린 시절부터 스파링 경험은 꽤 있었다. 그러다 제대로 배우고 싶어서 관장님을 찾아갔다.

"어떻게 오셨습니까?"

"얻어맞으러 왔습니다."

관장님은 너무 황당하다는 표정이었다. 대개 체육관을 찾는 사람들은 몸을 만들고 싶다거나 체중감량을 위해 온다. 그런데 대뜸 얻어맞고 싶어 왔다니. 나를 괴짜로 생각하는 것도 당연했다. 그렇게 그날부터 기본자세부터, 공격법. 방어법 등 몇 달 동안 기술을 익혀 갔다. 그 과정에서 상대의 펀치에 넘어지는 일은 다반사였다. 넘어지면 일어서고, 넘어지면 다시 일어서서 자세를 잡는 것이다. 하루에도 수십 번씩 이런 과정이 되풀이되었다. 그렇게 몇 개월이 지나자 실력도 꽤 늘었고, 생각했던 것보다 훨씬 더 복싱에 재미를 느낄 수 있었다. 이처럼 나는 뭔가를 배울 때 항상 몸으로 넘어지고 깨지면서 배우자는 주의다.

아이들에게 처음 자전거와 모터사이클을 알려 줄 때도 먼저 넘어지는 것부터 가르쳤다. 그러면 넘어질 때마다 원래 이런 거구나 하고 두려워하지 않는다. 반대로 처음부터 절대 넘어지지 말고, 똑바로 가야 한다고 가르치면 어떨까? 넘어질 때마다 실망하게 되고 어쩌면 중간에 포기할 수도 있다. 반면 처음부터 넘어지는 것부터 배우면, 두려워하지 않고 배울 수 있다.

▶ 인생은 롤러코스터처럼

대치동에 매장을 오픈하기 전, 6년 동안 트럭 행상을 하며 장사했다. 십수 년 전 여러 식당에 야채를 납품했었다. 오전에 물건을 납품하고 오후에 수금을 하러 가는 식이었다. 그런데 돈을 제대로 주는 사람이 없었다. 장사가 안 될 때면 욕이 날아오는 것은 기본이었다. 얼굴에 돈을 던지는 사람은 양반이었다. 심지어 굵은 소금을 뿌리며, 설거지하는 물을 퍼붓는 사람도 있었다. 그럴 때마다 엄청나게 많은 눈물을 흘렸다. 사람들에게 무시당하는 날이면 화장실에 가서 눈물을 씻으며 다짐했다.

"내 마음속의 눈물을 다 흘리는 날, 나는 성공할 것이다."

트럭 행상을 했던 6년이라는 시간 동안 마음근력을 튼튼하게 키울 수 있었다. 일종의 회복탄력성이 생긴 것이다.

그렇게 마음근력이 생기자, 어떤 어려움이 찾아와도 다시 일어설 수 있는 힘이 생겼다. 그간 많은 돈을 투자한 사업에서 큰 손해를 입기도 하고, 예기치 않은 사고로 마음에 큰 상처를 받기도 했다. 그때마다 트럭 행상 시절을 떠올렸다. 그리고 나에게 외쳤다.

"야, 나 옛날에 트럭으로 장사하던 이영석이야, 그때도 이겨 냈는데 이 정도는 얼마든지 이겨 낼 수 있지!"

그러고 보면 인생은 롤러코스터처럼도 보인다. 순식간에 위로 올라갔다가 또 순식간에 쭉 떨어지기도 하고… 우리네 인생과 닮아 있다.

살다 보면 돌부리에 걸리거나 헛발질로 넘어지기도 한다. 넘어지지 않고 사는 사람은 아무도 없다. 우리는 다 넘어진다. 어떤 이는 넘어지더라도 훌훌 털고 일어나 자기 길을 걷는다. 이들은 몇 번을 넘어지더라도 결국 자신이 원하는 것을 얻는다. 반면 어떤 이는 그 자리에 주저앉아 포기해 버린다. 이들은 매번 제자리걸음만 반복하며, 절대 앞으로 나아가지 못한다.

중요한 건 넘어지지 않는 것이 아니라 다시 일어나는 것이다. 다시 일어난 사람만이 걸을 수 있고 뛸 수도 있다. 후배들에게 항상 이야기한다. 넘어졌으면 일어서서 다시 시작하면 된다고. 많이 넘어지고, 많이 경험하자. 일어서면 된다.

▶ 촛불 같은 사람, 숯불 같은 사람

여러분 앞에 촛불과 숯불이 있다고 하자. 촛불은 후, 하고 불면 금방 꺼져 버린다. 반면 숯불은 바람이 불면 더욱 타오른다. 사람도 촛불 같은 사람, 숯불 같은 사람이 있다. 촛불 같은 사람은 마음근육이 부족하다. 주변에서 자신의 일과 직업에 대해 이런저런 소리를 하면 쉽게 흔들린다.

'야. 너 그 일하면 안 돼. 엄청 힘들고 고달파.', '왜 그런 일을 해. 없어 보이게.' 남들이 아무 생각 없이 하는 말에 쉽게 상처 받고, 자신감을 잃어버린다. 그러다 그 일을 중단한다.

하지만 숯불 같은 사람은 심지가 단단하다. 마음근육이 탄탄하다. 자신이 하는 일에 대해서 주변에서 왈가왈부해도 흔들리지 않는다.

나는 야채장사를 시작할 때 주변 사람들로부터 비하하는 말을 정말 수없이 들었다. 하지만 누가 뭐라 하든 내가 하는 일에 자부심이 있었다. 그뿐 아니라 야채장사 분야에서 최고가 되겠다고 다짐했다. 절대 흔들리지 않았다. 내가 그 일을 27년 동안 할 수 있었던 이유는 숯불이었기 때문이다. 원래부터 내가 숯불이었던 건 아니다. 오랜 시간 마음을 태우되 완전히 타 버리지 않은 덕에 좋은 숯이 되고 마침내 은근하게 불길을 품을 수 있는 숯불이 된 것이다.

특히 영업에 종사하는 사람들은 더더욱 숯이 되어야 한다. 영업을 시작하면 처음에는 잘될 거라고 기대한다. 하지만 자꾸 거절을 당하면 마음의 상처를 크게 받는다. 내 존재 자체가 거절당하는 기분에 자존감이 바닥까지 떨어진다. 마음이 타 버리는 것이다. 그러나 영업을 계속하려면 상대의 거절을 모두 받아들일 수 있어야 한다. 상대가 나에게 무슨 말을 해도 다 받아들일 수 있어야 한다. 나를 상처 입히는 불길에 타 버리지 말고 온전히 품어야 한다.

그러면 어떻게 해야 좋은 숯이 될 수 있을까? 목질이 성긴 나무는 불에 태우면 다 타서 재만 남아 버린다. 참나무처럼 목질이 단단한 나무여야 좋은 숯이 될 수 있다. 이처럼 나도 단단해져야 한다. 과거 야채장사를 할 때, 상인들에게 거절당하고 무시당하는 일이 거의 일상이었다. 그런 날들이 수없이 반복되자 누군가 날 무시해도 무시라 생각하지 않았다. 당연한 일이라 여겼다. 그러니 누구를 만나도 마음이 편했다. 더 이상 상처받지 않는다. 그만큼 나는 단단해졌으니까. 내 마음근육은 누구보다 강하니까.

나는 영업에 종사하는 사람들을 코칭할 때 가장 먼저 꼭 '거절 노트'를 만들라고 한다. 그리고 100명의 사람들에게 거절을 먼저 당하라고 한다. 즉, 100명의 사람에게 계속 거절당하는 경험을 해 보는 것이다. 그런 후 101번째 고객을 만나 보자. 그 고객이 나를 거절하면 어떤 생각이 들까? 더 이상 거절이라 여겨지지 않는다. 당연하게 느껴진다. 거절을 당연하다고 받아들이는 것이다. 그러면 그 이후에는 어떤 사람을 만나도 두렵지 않다. 거절을 당해도 마음의 상처를 받지 않는다.

물론 거절당하는 상황 그 자체에 계속 머물러서는 안 된다. 내가 왜 거절을 당했을까? 어떻게 하면 거절당하지 않을까? 그 방법을 계속 궁리해야 된다. 거절 노트에 거절 이유를 쓰고, 다음번 고객을 만났을 때는 방법을 계속 바꿔 보자. 즉, 가변성을 주는 것이다. 그렇게 계속 시도해 보면 어느 순간 거절당하지 않는 방법을 스스로 찾게 된다. 그게 바로 성장이다.

놀깨형이 건네는 한마디

- 실패에 낙담 말라. 긍정적인 경험이 될 수 있다. 어떤 의미에서 실패는 성공으로 가는 고속도로와 같다. 오류를 발견할 때마다 진실을 열심히 추구하게 되고, 새로운 경험을 할 때마다 신중히 피해야 할 오류를 알게 되기 때문이다. ㅡ 존 키츠
- 얻어맞아 봐야 때릴 수 있다. ㅡ 놀깨형

당신의 명언

1. 최고의 스승이란

① 경험은 가장 좋은 스승이다. 무엇이든 직접 경험해 보자.
② 경험한 만큼 성장한다. 쓸모없는 경험이란 없다.

2. 빚을 내서라도 꼭 해야 할 3가지

① 보는 것: 가능한 한 많은 곳을 다니며 견문을 넓히자. 내 세상 의 크기는 내가 본 만큼이다.
② 듣는 것: 배우자. 배운 만큼 알고, 아는 만큼 보인다.
③ 먹는 것: 먹는 것부터 최고의 것을 경험해 보자. 최고를 경험 해 봐야 시야가 트인다.

3. 경험한 것만 말하기

사기꾼이 따로 있는 게 아니다. 자신이 경험하지 않은 것을 경험 한 것처럼 떠들면 그게 바로 사기꾼이다.
뭐든 직접 경험하고 행동하자.

4. 내 인생의 내비게이션, 스승 찾기

① 진심 어린 조언을 해 줄 멘토나 스승을 찾자. 직접 전화를 걸 거나 만날 수 있는 사람이 아니라면 진짜 멘토나 스승이라고 하기에는 어렵다.
② 스승은 가급적 분야별로 전문가를 찾자. 한 사람이 모든 분야 에서 최고일 수는 없으니까.

5. 죽을 때까지 배우는 인생

① 어떤 분야든 제대로 배우고 시작하자. 냅다 들이받으면 머리만 깨진다.
② 인생에서 꼭 배워야 할 4가지를 잊지 말자.
  ⑴ 행복한 결혼생활을 위해 반드시 준비하고 예습하자. 사랑도 공부해
    야 잘한다.
  ⑵ 자녀 교육을 올바르게 하기 위해 부모 되는 교육부터 반드시 받자.
  ⑶ 자신만의 행복 매뉴얼을 만들어 행복해지는 법을 배우자.
  ⑷ 제대로 돈 쓰는 법을 배우자. '나'에서 부가 끝나는 게 아니라 '우리'가
    부유해지는 법을 배우자.

6. 비워야 차는 그릇

① **채움을 위한 비움**: 자신을 비워야 그 빈자리에 새로운 것을 채울 수 있다.
② **일점집중**: 배우고자 마음먹은 부분에만 집중하자. 그리고 평가질 금물.
③ **독기 품기**: 떠먹여 주기를 기다리지 말고 알아서 퍼먹자. 우리는 유치원
  생이 아니다.

7. 실패 배우기

뭐든 몸으로 경험하고 배우자. 심지어 실패마저도 배워 둬야 맷집이 좋아
진다. 맷집이 좋아져야 무슨 일이 생겨도 다 이겨 낼 수 있다. 이 과정 자체
가 바로 성장이다.

Ⅳ장

TIC
KET

사노라면 테마파크에서 뚜벅뚜벅

— 태어난 김에 살지 말고

혹시 흰제비갈매기라는 새에 대하여 들어 본 사람이 있는지 모르겠다. 온몸이 흰데 부리는 검은 게 제법 예쁘장한 바닷새다.

　보통 새들은 나무 위나 처마 밑, 나무 둥치 구멍 등에 둥지를 튼다. 그런데 이 흰제비갈매기라는 놈은 둥지를 만들지 않는다.

　그럼 새끼는 어떻게 기를까? 나뭇가지, 바위 틈 등 어디든 대충 오목한 부분에 알을 하나 덜렁 낳는다.

　새끼도 용하게 그 구멍에서 떨어지지 않고 잘 자란다.

　작은 나뭇가지며, 동물 털 등으로 열심히 둥지를 짓는 다른 새들 입장에서 보면 정말 이 새는 태어난 김에 사는 녀석들이다. 어찌 보면 참 팔자 좋은 것도 같다. 보고 있자면 슬그머니 이런 생각도 떠오른다.

'나도 태어난 김에 아무렇게나 살아 볼까?'

꽤 유혹적이다. 그러나 이내 고개가 저어진다.

앞에서도 이야기했다. 우리는 인생을 즐기며 살 의무를 지고 태어났다.

즉 태어난 김에 살아서는 안 된다는 뜻이다. 그렇다고 날마다 인상 찡그리고 무슨 깊은 고뇌와 고민을 하라는 말은 아니다. 하루하루가 소중한 만큼 성장하기 위해 노력하고 그러려면 어떻게 하는 것이 가장 최선일까를 늘 생각하고 행동하라는 것이다.

— 사람을 보자

삶을 이리저리 거닐다 보면 나는 누구인지, 너는 누구인지 우리는 누구인지 생각하게 된다.

그저 마냥 잘해 주고 싶고, 잘해 주게 되는 사람도 있고, 반대로 준 거 없이 미운 사람도 있다.

장사를 하다 보면 정말 많은 사람을 만나고 경험할 수 있다. 가만히 관찰해 보면 어느 하나 똑같은 사람이 없다.

한편 어떤 사람에게서든 반드시 배울 것은 있었다. 하다 못해 나는 저러면 안 되겠다는 것이라도 배운다.

그렇게 사람에 관해 고민하고 관찰하는 것만으로도 많은 성장을 이룰 수 있다.

성장은 거창한 것이 아니다. 삶을 좀 더 밀도 높게 보내기 위하여 고민하는 것만으로도 한 걸음 성장할 수 있다.

그리고 성장은 사람을 통해서만 가능하다는 점을 잊지 말자.

가끔은 멍 때리며 구경만 해도 좋다. 사람이란 그런 존재다. 보고 있으면 재미있는.

1. 나 자신부터 알자!

많은 사람이 관계를 잘 맺기 위해 특별한 노하우나 비법 등을 찾는다. 하지만 좋은 관계를 찾기 전에 나 자신을 파악하는 것이 중요하다. 여러분이 결혼 상대를 찾는다고 하자. 반려자를 고를 때 나 자신이 어떤 사람인지 모르면 누구를 만나도 확신이 들지 않는다. 반대로 나 자신의 성격, 성향 등에 대해서 정확하게 알고 있으면, 상대를 만났을 때 나와 맞는 사람인지 아닌지를 바로 알아챌 수 있다.

우리는 스스로를 잘 알고 있다고 생각하지만, 정작 내가 어떤 사람인지 모를 때가 있다. 외형적인 것들이 아닌 내면의 소리에 집중하며 나를 정리해 보자. 나라는 사람은 어떤 사람일까? 내가 나에게 질문을 던지며 정리해 보는 것이다. '유쾌한 사람, 경험만 이야기하는 사람, 배움을 좋아하는 사람, 멋진 여행지를 많이 아는 사람, 직접화법을 쓰는 사람, 멋을 아는 사람, 선물을 잘하는 사람' 이처럼 자신이 어떤 사람인지를 파악해 보면 나를 정의하기가 훨씬 수월해진다.

▶ 첫 번째, 나만의 장점 또는 매력을 알기

이 세상에 장점 하나 없는 사람은 없다. 먼저 장점을 파악한 후 사람들과의 만남에서 장점을 최대한 활용해 보자. 내장점이 상대에게 도움이 될 수 있거나, 상대가 원하는 것일수 있다. 자신의 장점을 확실히 알면 상대를 만날 때 자신감을 가지고 다가갈 수 있다. 나 역시 사람들을 만날 때 내가 가진 장점을 최대한 활용하고 있다.

20대 무렵 트럭으로 장사할 때, 모 그룹 회장님의 마음을 얻고 싶었다. 평소에 그분이 와인을 좋아하는 걸 알아내서 모시고 와인 바를 찾았다.

"오늘 제게 공돈이 생겼습니다. 오늘 와인 대접하겠습니다. 제일 비싼 거 드시죠."

당시 그 가게에서 제일 비싼 수백만 원 상당의 와인을 주문했다. 그러자 회장님이 깜짝 놀라셨다. 아무리 회장님이라도 꽤 고민될 가격이었다. 그런데 나이도 어리고 고작 야채를 파는 내가 고가의 와인을 주문하자 놀란 것이다. 내게 돈이 많아 와인을 산 것이 아니었다.

내 삶의 모토 중 하나가 "가난해도 '배짱 있는' 사람이 되자"이다. 그 회장님에게 내 배짱이 이 정도는 된다는 것을 보여 주고 싶었다. 그리고 나의 이런 배짱 있는 모습에 회장님의 마음이 열렸다. 그 후로 많은 분을 소개해 주었고, 사업적으로 크게 도움을 받을 수 있었다.

장사를 할 때는 장소가 중요하다. 그런데 그보다 더 중요한 것은 '누가' 하느냐이다. 똑같은 장소에서 같은 메뉴를 판매해도 손님을 끌어당기는 사람이 있다. 반대로 손님을 밀어내는 사람이 있다. 장사가 잘되는 집은 주인에게 손님을 끌어당기는 매력이 있다. 인간관계도 마찬가지다. 유독 주변에 사람이 많은 친구들이 있다. 저 사람 주변에는 왜 사람이 많을까? 뭔가 이유가 있을 것이다. 그 사람만의 매력이 있는 것이다. 다른 이들에 비해 자신감이 충만한 사람이 있고, 열정이 가득한 사람도 있다. 또, 어떤 상황에서도 사람을 너그럽게 안아 주는 포용력을 갖춘 사람도 있다. 옷을 잘 입는다거나, 남의 말을 잘 들어 준다거나 하는 것들도 그 사람만의 매력이 될 수 있다.

그러니 자신만의 매력이 무엇인지 스스로 알아보자. 매력을 가지고 있으면 사람들이 절로 나를 찾게 된다. 나 스스로에 대해 긍정적인 마음을 가지고 매력을 찾자.

▸ 두 번째, 나의 유일성 혹은 차별점 찾기

상품이나 서비스를 판매할 때는 독특한 점, 차별점이 있어야 한다. 그래야 차별점을 내세워 어필할 수 있다. 커피숍을 하더라도 다른 곳과 차별점이 있어야 한다. '의자가 편안해서 대화하기 좋은 집', '직접 로스팅 해서 커피 맛은 제대로인 집' 등 이런 차별점이 있으면 사람들에게 훨씬 기억되기 쉽다.

인간관계에서도 남들과 다른 나만의 차별점이 필요하다. 차별점은 많은 사람들 사이에서 나를 구별해 줄 수 있는 특징이다.

나를 예로 들어 보자. 나만이 가지고 있는 차별점을 찾으니 세 가지로 정리해 볼 수 있었다.

첫 번째, 나는 누구보다 멋있게 옷을 입을 수 있다. 두 번째, 누구보다 멋진 여행지를 많이 알고 있다. 세 번째, 누구보다 돈 쓰는 방법을 알고 있다. 이런 나만의 유일성을 알고 있으면 사람들과의 관계에서 나의 존재감을 효율적으로 어필할 수 있다.

우리는 자신만의 장점, 능력, 취향, 성격 등이 모두 다르다. 따라서 차별점도 다르다. 남들과 다른 나만의 색깔이라 할 수 있는 세 가지를 찾아보자.

누군가는 자신에게 차별점이 없다고 말할 수 있다. 하지만 지금 당장 차별점을 찾을 수 없다고 해서 실망할 필요는 없다. 내가 차별점으로 하고 싶은 것을 정하면 되니까. 그리고 그 분야를 열심히 키우면 된다.

사업도 연애도 인간관계도 모두 자신을 아는 것이 먼저다. 성장하려면 결국 나부터 제대로 알아야 한다.

놀깨형이 건네는 한마디

- 너 자신을 알라. – 소크라테스
- 유일한 내가 되자. – 놀깨형

당신의 명언

- -

- -

2. 나는 왜 인간관계가 힘들까

"세상에 이해가 안 가는 사람들이 너무 많아."

"대체 왜 그렇게 생각하는지 모르겠어."

아마 다들 한 번쯤 이런 하소연을 해 봤을 것이다. 많은 사람들이 인간관계에서 어려움을 겪는다. 직장생활은 물론이고 가족, 친구, 연인, 부부, 자식과의 관계도 결코 쉽지가 않다. 우리는 왜 이리 인간관계를 힘들어할까? 그리고 어떻게 하면 좀 더 수월하게 관계를 풀어 나갈 수 있을까.

▶ 다름을 인정하기

인간관계가 어려운 가장 큰 이유는 상대방과 나의 '다름'을 인정하지 못하기 때문이다. 내가 모든 사람을 이해할 수 없듯 어느 누군가에게 '나'는 '이해할 수 없는 존재'일지도 모른다. 내가 나의 틀에 맞춰 상대를 바라보면 온통 이해할 수 없는 것투성이다. 그러니 힘든 것이다. 이때 서로의 다름을 인정하고 존중해 주자. 다름을 인정하면 관계가 훨씬 편안해질 수 있다.

부부로 살면서 갈등이나 충돌을 피해 갈 수 없다. 나 역시 아내와 수년을 살았지만 여전히 이해되지 않는 부분이 많다. 그래도 부부관계를 유지할 수 있는 것은 서로가 다름을 인정한 덕분이다. 처음부터 여자와 남자는 다르다는 것을 인정하면 부부간의 갈등과 오해를 훨씬 줄여 나갈 수 있다.

직장에서 구성원들과의 관계에서도 마찬가지다. 직원과 리더의 생각은 처음부터 다르다. 만약 직원이 리더의 눈과 리더의 행동을 하면 대표 밑에서 일하지 않는다. 다른 회사로 가거나 독립을 한다.

언젠가 한 강연장에서 사업을 하는 한 대표에게 이런 질문을 받았다.

"저랑 같이 일하는 모든 친구들과 같이 성장하고 싶은데, 그 친구들이 잘 따라와 주지 않아서 속상해요."

아마 많은 분들이 공감할 것이다. 리더 입장에서는 조직원들이 자신의 기대만큼 따라오지 못할 때 답답해한다. 그런데 곰곰이 생각해 보자. 내가 변하는 만큼 구성원들도 변하고 성장해야 한다는 것은 리더의 독선이다. 구성원들의 생각은 다를 수 있다. 억지로 끌고 가려 하기보다는 내가 먼저 변화된 모습을 보이자. 구성원들 중에 따라오고 싶어 하고 흉내 내고 싶어 하는 사람만 끌고 가면 된다. 내가 다 챙겨서 가려고 하지 말자. 챙겨서 갈 수도 없고 그래서도 안 된다. 리더와 구성원들의 생각은 다르기 때문이다. 그저 상대와 내가 다르다는 것을 계속 마음속에 되새기면 된다.

세상은 나와 다른 생각을 하는 사람들이 함께 살아가는 곳이다. 나와 생각이 다를 뿐 그것은 틀린 것이 아니다. 결국 상대가 누구든 다름을 인정하고 존중하면 논쟁이나 갈등을 줄여 나갈 수 있다.

▸ 에너지가 맞는 사람에게 집중하기

아무리 좋은 물건도 100% 모든 고객을 만족시킬 수 없다. 만족하지 못하는 고객에게 집중하기보다, 만족하는 고객에 집중하는 편이 훨씬 효율적이다. 모든 사람과 좋은 관계를 유지하기는 어렵다. 깃털이 같은 새끼리 모이듯 나와 에너지가 맞는 사람이 있다. 싫은 사람과 억지로 친해지려고 애쓰지 말자. 세상 어디에든 8:2의 법칙이 존재한다. 나를 싫어하는 80%의 사람보다는, 나와 에너지가 맞는 20%의 사람들에게 더 집중하자. 나를 좋아하는 사람들에게 집중하면 마음이 편하다.

간혹 상대에게 상처를 주기 싫어 꾹 참는 사람이 있다. 힘들어도 참고 또 참는다. 참을 인(忍) 자 세 개면 살인을 면한다지만 그건 옛말이다. 참으면 몸도 마음도 병이 생겨 수명이 줄어들 뿐이다. 아니다 싶은 사람과의 관계를 억지로 끌고 가지 말자. 여러 사람들과 두루두루 잘 지내는 건 결코 쉬운 일이 아니다.

모든 사람을 친구로 만들려 하지 말고 나와 통하는 사람에 집중하자. 멀리 있는 사람에게 집중하려고 하지 말고 내 앞에 있는 사람에게 집중하자. 나에게 자주 연락하는 사람, 나에게 소중한 사람들에게 집중하는 편이 훨씬 낫다.

▶ 아름다운 거리 유지하기

인간관계가 힘든 이유 중 하나는 상대와의 거리감이 없기 때문이다. 나는 그동안 모터사이클, 수영, 자전거, 복싱 등 시도한 운동이 대략 열 가지가 넘는다. 운동을 배우면서 자연스럽게 터득한 원칙이 있다. 100% 완전히 잘하려고 하지 않고 70%만 배워야 오랫동안 즐겁게 할 수 있다는 점이다. 70% 이상 욕심내면 부상을 입기 쉽다. 또, 운동 장비에 욕심도 생기면서 경제적으로 힘들어질 수 있다. 70%를 넘어가면 즐거워야 할 운동이 스트레스가 되어 중도에 포기하게 된다. 어느 정도 거리감이 있어야 운동도 즐겁게 오랫동안 할 수 있다.

인간관계도 마찬가지다. 상대방과 좋은 관계를 오랫동안 유지하고 싶다면 적절한 거리감이 필요하다. 그 사람과 거리 설정이 잘못되면 문제가 생기고 힘들어진다. 거리가 멀면 나쁜 것은 아닌가 의아하겠지만, 오히려 지나치게 가까운 사이에서 더 문제가 생긴다. 상대와 적당한 거리감이 있어야 서로를 존중해 주고 좋은 관계를 유지할 수 있다. 내가 생각하는 상대방과의 적정거리는 최고 70%이다. 아무리 가까워도 70%를 넘어서면 조그만 일에도 서운하고 섭섭하게 생각한다. 반면 70% 이하로 유지하면 별로 기분 나쁠 게 없다. 이게 바로 아름다운 거리다.

부모-자식, 리더-팀원, 스타-팬… 모두에게 서로가 가장 아름답고 사랑스럽게 보이는 거리가 존재하는 법이다. 그 이상 가까워지면 서로의 좋지 못한 모습까지 보게 되고, 그 때문에 실망할 수 있다.

놀깨형이 건네는 한마디

- 상대에게 맞추려면 먼저 상대가 나와 다르다는 것을 인정해야 한다.
  – 법정 스님
- 참을 인 세 개면 속병 난다. 억지로 참을 일을 만들지 말자. **– 놀깨형**

당신의 명언

----

3. 성장하는 사람이란

인생을 성장시키는 방법에는 여러 가지가 있다. 앞서 말한 것처럼 많은 경험하기, 스승을 만나기 등이 있다. 여기에 한 가지 더 추가하고 싶은 것이 '사람'이다. 즉, 사람과의 만남을 통해서 삶을 성장시켜 나가는 것이다. 물론 책이나 영상, 강연 등을 통해서도 지식을 얻고 시야를 넓혀 나갈 수 있다. 다만, 나는 사람과의 직접적인 관계를 통해 가장 많이, 가장 빠르게 성장할 수 있었다.

우리는 모두 사람과 사람 사이에서 부대끼며 살고 있다. 혼자 일을 하는 것 같아도 결국 누군가와 함께하기 마련이다. 개인의 힘은 아무리 뛰어나 봐야 한계가 명확하다. 자신의 힘과 노력만으로 정상에 선 것 같지만, 누군가 이끌고 도와준 사람이 분명 있었을 것이다. 혼자 성장하는 사람은 없다.

대인관계가 좋은 사람은 사업적으로 크게 성장할 수 있다. 미국 콜롬비아 대학 MBA 과정에서 기업 CEO들을 대상으로 '당신의 성공에 가장 큰 영향을 준 요인이 무엇인가'를 조사한 결과 응답자의 93%가 '대인관계'를 꼽았으며, 나머지 7%만이 실력이라고 대답했다. 또한 미국의 카네기연구소 조사에 따르면 재정적으로 성공한 사람 중 15%만이 자신의 기술적 지식으로 성공했다고 답했다. 85%는 인간관계, 즉 타인과 좋은 관계를 갖는 능력 덕분에 성공을 거두었다고 답했다. 이처럼 인간관계를 잘 맺는 사람이 어느 분야에서든 더 크게 성장할 수 있다.

▶ 상대의 온도에 맞춰 보자

사람들은 자신과 '결'이 다른 사람을 만나면 불편해한다. 그리고 이렇게 말한다. "그 친구와는 '격'이 안 맞아." 나는 격이라는 단어 대신 '온도'라 표현한다. 누군가를 만나서 이야기가 잘 통하면 온도가 맞는 것이고, 불편하면 온도가 맞지 않는 것이다. 보통 자신과 온도가 비슷한 사람들과 어울린다. 그게 편하기 때문이다. 그러나 계속 그렇게 하면 관계의 폭이 좁아진다. 이에 비해 나는 누구와도 잘 어울릴 수 있다. 다양한 온도를 지니고 있는 셈이다. 길거리에서 노숙자를 만나도 소주 한잔하고 잠잘 수 있다. 또, 대기업 회장님을 만나도 주눅 들지 않고 즐겁게 대화할 수 있다. 상대가 누구든 그에게 맞출 수 있다. 누구와도 친해질 수 있고, 상대의 마음을 얻을 자신이 있다. 이런 성향은 결코 타고난 것이 아니다. 오랜 시간 장사를 하면서 자연스럽게 체득된 것이다.

나는 지난 27년 동안 야채장사를 하면서 수많은 사람을 만났다. 고객은 저마다 성향이 다르고, 원하는 것도 제각각이다. 이들의 마음을 얻으려면 어떻게 해야 할까? 내가 고객들의 온도에 맞춰야 한다. 당시 함께 일하던 구성원에게도 항상 입버릇처럼 말했다.

　"고객이 뭘 원하는지 듣고, 고객의 마음을 얻어서 권유하는 것을 사게 해야 한다."

　간혹 손님 중에 "오늘은 뭐가 맛있어요?"라고 조용하게 묻는 분들이 있다. 이런 분들에게는 낮은 목소리로 천천히 대답해 줘야 한다. 이때 내가 큰 소리로 빠르게 외치면 마치 파는 데만 혈안이 된 장사치 같다는 느낌을 받아 매장을 다시 찾지 않는다. 또, 반대로 목소리도 크고 에너지 넘치는 손님도 있다. 이런 손님에게는 그 온도에 맞춰서 응대해야 한다. 이런 분께 조용하게 응대하면 어떨까? 이 매장에 오면 기운 빠지고 에너지 뺏기는 느낌이라며 싫어할 수 있다. 장사를 잘하기 위해서는 고객들의 온도에 맞춰 잘 응대할 수 있어야 한다. 그리고 이때 익힌 습관이 사회에서 사람을 만날 때도 많은 도움이 되었다. 그때 단련이 된 덕분인지 누구를 만나도 온도를 맞추는 일이 그리 어렵지 않았다. 이처럼 사람과의 관계도 노력 여하에 따라 얼마든지 향상될 수 있다.

물론 여전히 많은 사람들이 관계를 어려워한다. 그동안 우리에게 관계에 대해 알려 주는 사람도 없었고, 배울 기회도 없었기 때문이다. 관계의 기술도 배우면 된다.

▶ 좋은 관계를 얻으려면 필요한 것, 처세!

나는 남들과 관계를 잘 유지하고 싶다는 사람에게 '처세'를 강조한다. 처세의 사전적 의미는 '사람을 사귀며 세상을 살아가는 방법이나 수단'이다. 처세를 잘한다는 것은 곧 인간관계가 좋다는 의미다. 가족이든 친구든 고객이든, 멘토든, 직원이든, 상사든 사람들과의 원활한 관계를 위해서는 처세가 중요하다. 인생을 살면서 꼭 필요한 기술 중 하나가 처세다. 그런데 간혹 처세를 부정적 시선으로 바라보기도 한다. 하지만 처세는 사람들과의 관계에서 꼭 필수적으로 익혀야 할 기술이다. 세상을 사는 데 처세만큼 중요한 것도 없다.

세상에는 여러 종류의 처세술이 있다. 자신이 처한 환경에 따라 처세술은 달라진다. 부부 간에도 사랑받는 남편, 사랑받는 아내가 되려면 기술이 필요하다. 또, 자식과 관계에서도 잘 지내기 위한 처세술이 있다. 또, 직장에서도 구성원들과 매끄러운 관계를 유지하기 위해서 처세가 필요하다.

인사를 잘하는 사람과 그러지 않는 사람, 항상 웃는 사람과 찡그린 사람, 늘 뒷담화하는 사람과 말을 조심하는 사람, 남의 말을 잘 들어 주는 사람과 자기 말만 하는 사람. 누가 더 조직에서 환영받을까? 결국 자신이 어떻게 처세를 하느냐에 따라 사람들과의 관계는 달라질 수 있다. 간혹 직장 내 처세술을 '상사에게 아부를 잘해 성공하는 것'으로 잘못 이해하기도 한다. 그러나 처세술의 핵심은 동료 및 상사와의 '원만한 인간관계를 유지'하는 데 있다. 처세의 핵심은 절대 아부하는 것이 아니다.

혹자는 회사에서 일만 잘하면 되지, 굳이 처세에 신경을 써야 하느냐 말한다. 물론 업무 능력은 중요하다. 하지만 업무 능력이 그 사람을 판단하는 100% 잣대는 아니다. 인간은 감정의 동물이다. 두 사람의 업무 능력이 비슷하다고 하자. 한 명은 동료 및 상사와 자주 부딪치는 반면, 한 명은 원만한 관계를 맺고 있다면 누구에게 마음이 갈까? 결국 처세를 잘하는 사람이 조직에서도 인정받고 사람들과의 관계도 훨씬 매끄럽게 이어 갈 수 있다.

사업을 할 때도 마찬가지다. 처세를 잘하는 리더가 조직을 발전시키고 사업적으로 성공할 수 있다. 나는 회사를 운영할 때 명절 때 주변 지인을 대상으로 과일을 사 달라고 단 한 번도 부탁한 적 없다. 그럼에도 명절 때면 혼자서 수십억 매출을 올렸다. 평상시 내가 처세를 잘하면 주변 지인들에 게 먼저 연락이 온다. 결국 처세에 따라 사람들이 내게 돈을 가져다줄 수 있다는 뜻이다. 반면 리더가 평소 처세에 소홀 하면 잘나가던 기업도 하루아침에 어려워질 수 있다. 리더 라면 더욱 관계를 소중히 하는 자세가 필요하다. 사람은 사 람 없이 성장할 수 없다. 누군가에게 도움을 받고 도움을 주 며 살아간다. 그러니 다른 무엇보다 좋은 관계를 만들고 유 지하는 것에 힘쓰고 노력하자. 성장의 밑거름은 건강한 인 간관계다.

놀깨형이 건네는 한마디

- 평소에 잘해라. 평소에 쌓아 둔 공덕은 위기 때 너를 구해 줄 것이다.
  – 탈무드
- 팔지 말고, 사게 하라. – 놀깨형

당신의 명언

----

4. 인간관계에서 가장 경계해야 할 것, '당연함'

언젠가 이런 질문을 받은 적이 있다. 인간관계에서 가장 경계해야 할 것이 무엇이냐고.

그것은 바로 '당연함'이다. 우리 주변에는 누군가 자신에게 베푸는 것을 당연하다 여기는 사람이 있다. 아니, 너무 많다. 그들은 자신보다 경제적으로 여유가 있는 사람이 밥을 사면 '그래, 저 사람은 돈이 많으니까 사는 게 당연하지'라고 생각한다. 또, 나이가 많은 사람이 밥을 사면 '저 형이 나이가 많으니 돈을 내는 것이 당연하지'라고 생각한다. 하지만 '당연하게' 생각하는 사람들은 결국 홀로 남는다. 주변에 남아 있는 사람이 없다.

친구들과 모여서 식사를 해 보면 두 가지 부류로 나뉜다. 자신의 형편이 어려워도 먼저 사겠다 말하는 사람이 있다.

"오늘 와 줘서 고맙다. 밥값은 내가 낼게."

"괜찮아, 됐어. 내가 살게."

사정을 알기에 밥을 사겠다고 마음먹고 나간 자리였다. 그런데 본인이 어려워도 한사코 밥값을 내겠다는 마음이 예쁘다. 이 친구는 또 만나고 싶고, 밥을 사고 싶어진다.

반면 내가 경제적으로 여유롭다는 이유로 나에게 당연하

다는 듯 돈을 내라는 친구들도 있다.

"너 돈 많이 벌었다면서, 오늘 네가 사야지? 네가 돈 잘 버니까 네가 내."

어차피 내가 계산하려고 마음먹고 있었지만, 이런 말을 들으면 기분이 상하고 만다. 이런 친구는 만남이 꺼려진다.

사람을 소개받을 때도 당연하게 여기는 사람들이 있다. 나는 사람이 사람에게 줄 수 있는 최고의 선물은 사람이라 생각한다. 그래서 주변에 서로 서로 도움이 될 수 있고 알고 지내면 좋은 사람을 많이 소개해 준다. 또, 후배들이 사람을 소개해 달라고 부탁하면 도움이 될 수 있는 사람들을 연결해 주곤 한다. 그런데 이때 연결을 고마워하는 사람도 있지만, 당연하게 생각하는 사람들이 있다. 아니, 그런 사람이 아주 많다.

한번은 후배가 ○○ 대표를 소개해 달라고 부탁했다. 도와주고 싶은 마음에 ○○ 대표에게 연락해서 같이 만났다. 이때 밥값을 누가 내는 것이 예의일까. 부탁한 사람이 내야 하지 않을까. 그런데 모임 자리에서 밥값도 내가 내고, ○○ 대표의 선물도 내가 준비했다. 물론 아끼는 후배니 내가 얼마든지 살 수도 있다. 하지만 안타까운 것은 나의 베풂을 당연하다 여기는 태도이다. 이런 후배들을 보면 내가 왜 연결을 해 줬을까 후회가 된다.

이것은 비단 사람 소개에 국한되지 않는다. 조언을 구할 때도 마찬가지다. 실제로 도움이 되었건 되지 않았건, 자신의 고민을 들어 주고 함께해 준 사람에게 고맙다는 인사 정도는 하는 것이 예의요, 기본이다. 그런데 마치 당연하다는 듯 질문하고, 답변을 들은 후에도 고맙다는 말 한마디 없다면 누가 그 사람의 고민을 계속 들어 주고 싶을까. 지금은 작은 커피 쿠폰으로 얻을 수 있는 마음을 나중에는 큰돈을 주고도 얻을 수 없게 된다.

▶ 감사 표현

사람은 누구나 고마워할 줄 모르는 이에게는 다시 베풀고 싶어 하지 않는다. 반대로 작은 것을 베풀어도 항상 감사하게 여기면 뭐든 더 해 주고 싶은 것이 사람의 심리다. 밥 한 끼라도 얻어먹었다면 "아주 잘 먹었습니다. 감사합니다."라고 꼭 말로 표현하자. 그러면 내가 밥을 사 주고도 기분이 좋아져 다음에 또 사 주고 싶은 마음이 든다.

상대의 베풂에 대해서 당연하게 생각하는 사람들이 너무 많다. 하지만 당연함은 어디에도 없다. 세상에 그 어떤 것도 당연한 것은 없다. 지식도 인맥도 그 어떤 것도 당연하게 주어지지 않는다. 우리는 당연함을 버려야 한다. 감사의 반대 말은 당연하게 생각하는 것이다. 말 한마디로 천 냥의 빚을 갚을 순 없다. 천 냥의 빚은 이자까지 해서 갚아야 된다. 하지만 말 한 마디로 천 냥을 벌 수는 있다. 바로 감사함을 표현하는 것이다. 그러면 그 사람에게 감사할 일이 또 생긴다. 감사할 줄 아는 사람에게 또 감사할 일이 생긴다.

매사에 감사하는 마음을 지녀야 또 감사할 좋은 일이 생기는 게 세상의 이치다.

간혹 상대에 대한 감사함을 마음에 담아 둔다는 사람도 있다.

"형님, 마음속으로 항상 감사하고 있어요."

그런데 상대가 표현하지 않는데 그 마음을 어떻게 알겠는가. '이심전심'을 시전하기에 우리는 너무 세속적인 사람들이다. 게다가 상대는 내 마음을 헤아려 줄 만큼 한가하지 않다. 표현과 행동을 해서 상대방이 자신의 감사함을 느끼도록 해야 한다.

"울리지 않는 종은 종이 아니다."라는 말이 있다. 인간관계에서도 울리지 않는 종들이 많다. 고마우면 고맙다고, 미안하면 미안하다고 큰 소리로 말해야 한다. 입은 말하라고 있는 것이다.

이왕이면 감사한 마음을 말로만 끝낼 것이 아니라 작은 선물이라도 보내자. 물질에 나의 마음과 진정성을 담는 것이다. 나를 위해 시간, 노력, 지식, 지혜를 나눠 준 것에 대한 감사를 선물에 담는 것이다.

눈에 보이지 않는 무형의 것에도 가치는 있다. 그러나 사람들은 보이지 않는 것에 값을 지불하지 않으려 한다. 어쩌면 무형의 것이야말로 비싼 것일 수 있는데도 그걸 잘 모른다.

누군가에게 뭔가 고민을 상담했다면 감사 표시로 선물을 해 보자. 더불어 감사함을 느낀 즉시 표현하자. 유통기간이 지난 음식은 상하듯 감사의 표현에도 유통기간이 있다. 그 기간에 감사하다 꼭 이야기해야 한다. 감사함이 퇴색되지 않도록.

놀깨형이 건네는 한마디

- 호의가 계속되면 권리인 줄 알아요. – 영화 〈부당거래〉
- 당연한 게 없다는 당연함! – 놀깨형

당신의 명언

- -

- -

1. 나 자신부터 알자!

① 나만의 장점을 찾아보자. 지피지기백전불패라 했다. 세상 다른 것을 알기 전에 나 자신부터 제대로 알자.

② 차별점을 찾자. 남과 똑같아서야 남보다 나아질 수 없다. 내가 아니면 안 되는 이유를 만들자.

2. 나는 왜 인간관계가 힘들까

① 나와 너, 우리 모두 다른 사람이다. 서로의 다름을 인정하자.

② 나와 에너지가 맞는 사람에게 집중하자. 모두에게 좋은 사람이 될 수는 없다.

③ 아름다운 거리를 유지하자. 가깝다고 다 좋은 것은 아니다.

3. 어떤 사람이 성장하는가

① 상대의 온도에 맞춘다는 것은 곧 상대의 입장에 서서 생각하고 행동하는 것이다.

② 처세를 잘하자. 처세란 아부를 한다는 뜻이 아니다. 처해진 상황에 적절한 대응을 잘하는 것이다.

4. 인간관계에서 가장 경계해야 할 것, '당연함'

세상에 당연한 것은 없다. 도움을 받거나 은혜를 입었으면 반드시 감사 표시를 하자. 말로든 선물로든.

TIC KET

사노라면 테마파크에서 끄덕끄덕

— 마음을 얻으려면

고개를 갸웃거리며 시작한 여정은 흥분되고 정신없었을 것이다. 좀 더 많이, 멋지게 즐기고 싶은 마음에 이것저것 기웃거리기도 하고, 직접 경험해 보기도 했으리라. 그런 가운데 다치기도 하고 깨지기도 하며 눈물도 흘리고, 때로는 웃음도 지었을 것이다. 그런데도 아직 두 손에 아무것도 쥔 게 없는 듯하여 좌절하는 사람도 있을지 모른다. 그러나 기억하자. 지금 여기까지 온 것만으로도 당신은 대단하다. 성장했다. 무언가 눈에 띄는 커다란 성공은 아직 이루지 못했을지라도, 한 발 한 발 걸어온 것만으로도 성장을 이룬 것만큼은 틀림없다.

때로는 바쁘게 옮기던 걸음을 잠시 멈추고 인생이 흘러가는 대로 퍼레이드를 구경하듯 관망해 보는 것도 괜찮다.

퍼레이드를 구경하는 동안, 그것을 구경하는 사람도 구경해 보자.

성공이든 성장이든 사람의 일이다.

이제 막 아장아장 걷는 아기에게서도, 그저 흥겨워서 소리를 지르는 아이들에게서도, 그 옆에서 조금 피로한 얼굴로 미소 짓는 어른들에게서도 배울 것은 반드시 있다.

사람의 마음을 얻으려면 반드시 몸에 익혀야 할 습관이 있다.

따라 해 보자.

"맞습니다."

"그렇군요."

여기에 *끄덕끄덕*.

— 사람을 얻는 것이 세상을 얻는 것

예로부터 수많은 정복자들이 세력을 넓히려고 무진 애를 썼다. 실제로 넓은 영토를 가진 권력자도 많았다.

그런데 그들은 정말로 '땅'만 가지려 했던 것일까?

만약 그 땅에 아무도 살지 않는다면? 극단적으로 이 지구를 가졌는데, 사람이 아무도 없고 오로지 자기 자신뿐이라면 과연 진정한 의미의 정복이 된 것일까?

세상을 얻는다는 것은 그저 물리적 의미의 땅을 많이 가진다는 뜻이 아니다. 세상을 이루는 사람을 얻는다는 뜻이다. 그렇다고 노예만 가득한 세상 따위를 말하는 것도 아니다. 나와 함께 살아갈 사람들이 가득한 세상을 말하는 것이다. 결국 세상을 얻는다는 것은 사람의 마음을 얻는다는 말과 같은 뜻일지 모른다.

우리가 정말 얻어야 할 것은 돈도, 땅도 아니다. 사람의 마음이다.

1. 마음 얻기

인간관계의 핵심은 무엇일까? 여러 의견이 있겠지만, 나는 '마음을 얻는 것'이라 생각한다. 상대의 마음을 먼저 얻어야 내가 원하는 것을 얻을 수 있다. 많은 이들이 돈을 벌기 위해서 돈 공부를 열심히 한다. 하지만 나는 돈 공부를 하지 말라고 한다. 그보다 먼저 자신에게 돈을 벌어 줄 수 있는 사람을 찾고, 그 사람의 마음을 얻으라고 한다. 그러면 돈을 벌 수 있는 기회는 저절로 찾아오기 마련이다.

한 후배가 부동산 투자를 하고 싶다면서 학원 등록을 심각하게 고민하고 있었다. 그 후배에게 이렇게 말했다.

"부동산 투자를 제일 잘하는 사람의 마음을 먼저 얻어라. 그러면 투자기회가 생겼을 때 귀한 정보를 알려 줄 거야."

물론 부동산 학원에 다니고 공부하면서 투자를 할 수도 있다. 그러나 스스로 좋은 물건을 알아보는 안목과 실력을 기르기까지는 수많은 시간과 비용을 치러야 한다. 그러니 그 분야 최고의 마음을 먼저 얻으라는 것이다. 그 사람의 마음을 얻으면 큰 비용을 치르지 않고도 원하는 것을 얻을 수 있다. 결국, 무슨 일이든 상대의 마음을 먼저 얻으면 원하는 것을 얻을 수 있다. 마음이 열리면 내가 원하지 않아도 상대가 나를 먼저 도와준다.

마음을 얻는 자가 천하를 얻는 법이다.

▸ 상대에게 필요한 것을 주기

그러면 상대의 마음을 얻으려면 어떻게 해야 할까? 마음을 얻는 건 너무 쉽다. 상대방에게 필요한 것을 주거나 상대방에게 필요한 사람이 되면 된다. 사람은 누구나 자신이 원하는 것을 해 줄 때 마음을 열게 된다. 목이 마른 사람에게는 물을 주자. 옷을 좋아하는 사람에게는 자신이 알고 있는 옷집을 소개해 주고, 맛집 탐방이 취미인 사람에게 새로운 맛집을 소개해 주면 누구나 기뻐한다. 이처럼 상대가 좋아하는 것을 주면 그 사람의 마음은 열리게 마련이다. 반대로 요가를 좋아하는 사람에게 킥복싱을 배우라고 하면 마음이 열리기는커녕 닫히게 된다. 이처럼 누군가의 마음을 얻는 가장 좋은 방법은 상대가 원하는 것을 주는 것이다.

부부관계, 부모자식 관계도 마찬가지다. 그런 작은 관계가 확장되어 회사나 조직을 이루는 법이다. 따라서 어떤 관계에서든 상대의 입장을 헤아려 그에게 필요한 것을 주면 된다. 그러려면 항상 상대를 세심하게 관찰하고 기억해 두어야 한다.

▶ 배짱과 용기

간혹 상대가 원하는 것을 해 주고 싶지만 자신의 성향과 거리가 멀 때가 있다. 이런 상황이라면 어떻게 해야 할까? 언젠가 세미나에서 한 수강생이 나에게 던진 질문이다.

"저는 술을 못 마시는데 사회생활을 하려면 술을 마셔야 친해진다고 해서 고민입니다."

술자리를 함께하며 친해지는 것은 사실이다. 하지만 나역시 이전에는 술 담배를 전혀 하지 않았다. 그래도 인간관계를 유지하는 데 별 무리는 없었다. 다만, 목적하는 바가 있다면 자신의 성향을 잠시 내려놓자. 내가 원하는 것을 얻으려면 나 역시 어느 정도 포기하는 것, 대가로 내놓아야 하는 것은 있지 않겠나. 상대가 원하는 것에 맞춰 줄 수 있는 용기와 배짱 정도는 있어야 한다.

예전에 꼭 마음을 얻고 싶은 분이 있었다. 그분이 술자리를 제안하셨다.

"이 대표, 소주 한잔해야지?"

"네. 저 술 좋아합니다. 대표님 오늘 제 스타일로 한번 드셔 보시겠어요?"

맥주컵 두 개를 나란히 놓고, 소주 한 병을 컵 두 개에 나눠서 따랐다. 그리고 각자 원샷으로 마셨다. 잠시 후 상대에게 솔직하게 말했다.

"사실은 제가 술을 못합니다."

그러자 대표님이 깜짝 놀라셨다. 술도 마시지 못하는 사람이 자신을 위해 마셔 준 것에 대해 많이 미안해하고 감동하셨다. 그 후 그분과 더 친밀해지고 관계도 잘 이어 갈 수 있었다. 만약 처음부터 술을 못한다고 말했다면 어땠을까? 관계를 더 이상 이어 나가기 어려웠을 것이다.

또, 한번은 비즈니스차 모 대표님을 만났는데 나에게 골프를 제안했다.

"이 대표 골프 쳐?"

"네, 골프 좋아합니다."

"그럼 내일 ○○ 골프장으로 와."

사실 그때까지 골프를 단 한 번도 접한 적이 없었다. 골프에 대해서 완전히 문외한이었다. 그런데도 골프 장비를 모두 사서 다음 날 골프장에 찾아갔다. 비닐 포장도 벗기지 않은 새 골프백 그대로. 그리고 캐디에게 사정을 말하고 이것저것 물어봤다. 공을 어디에 담는지, 티는 어떻게 꽂는지⋯. 아무것도 모르니 물어볼 수밖에. 캐디도 나 같은 사람은 처음이라 당혹스러워했다. 그 대표님도 역시 황당해하는 것은 마찬가지였다.

"이 대표, 진짜 골프 한 번도 안 쳐 본 거야?"

"네. 저 오늘 처음입니다. 태어나서 처음 여기서 골프를 치는 거예요."

그런데 대표님이 활짝 웃으시면서 더 좋아하는 것이다. 내 솔직한 모습과 배짱 있는 모습에 마음이 열린 것이다. 그 이후 관계가 훨씬 수월해졌음은 물론이다.

모든 사람이 나처럼 하라는 것은 아니다. 상대방과 관계를 이어 가고 싶지 않다면 거절하면 된다. 이것 역시 자신의 선택이다. 자신의 취향과 거리가 멀고, 하고 싶지 않다면 상대에 군이 맞출 필요는 없다. 다만 상대와 관계를 이어 가고 싶고, 마음을 얻고 싶다면 이 정도 용기와 배짱은 필요하다. 내가 다양한 사람을 만나고 싶고 사람을 통해서 성장하고 싶은 생각이 있으면 나를 변화해야 한다.

▸ 출처 밝히기

자신의 것이 아닌 것을 가져올 때는 출처를 밝혀야 한다. 만약 누군가의 글을 가져왔으면 출처도 정확히 알려야 한다. 그러나 출처를 이야기하는 사람이 드물다. 마치 자신의 것처럼 위장한다. 왜일까? 자기가 주목받고 싶기 때문이다.

부모 없는 자식 없듯이 현재의 자신이 있는 것도 누군가의 도움이 있었기에 가능한 것이다. 만약 '누구 덕분에'라고 말한다면 어떨까? 사람과의 관계도 출처를 항상 밝혀야 한다. 내가 할 수 있는 범위에서 더 많이 알려 주고 주변에 더 좋은 사람을 소개해 줄 것이다. 더 크게 성장할 수 있도록 도와줄 것이다.

내가 스승으로 모시고 있는 분 중 관점디자이너 박용후 대표님이 있다. 그분은 내가 만날 수 없는 사람들을 많이 만나게 해 줬다. 그분의 소개로 카카오 김범수 의장님, 배달의 민족 김봉진 대표님 등 정말 많은 분을 뵐 수 있었다. 내가 타고 있는 삶의 버스를 옮겨 타게 해 준 분이다. 나는 박용후 대표님이 누군가를 소개해 주면 항상 감사하다는 인사를 꼭 한다. 그리고 주변에 박용후 대표님 덕분에 알게 되었다고 꼭 출처를 밝힌다. 그러자 그분이 다른 훌륭한 분을 더 많이 소개해 주셨다.

20년 동안 알고 지낸 오종철 대표가 있다. 그 친구가 개그맨 후배를 소개해 주었는데 바로 타로마스터 정회도 씨다. 누군가에게 항상 오종철 대표님 덕분에 만났다고 출처를 밝힌다. 또, 타로마스터 정회도 씨가 소개해 준 분이 이경제 원장님이다. 그러면 이경제 원장님을 이야기할 때는 항상 소개해 준 정회도 씨의 이름을 꼭 밝힌다. 또, 누군가 소개해 주면 소개 받은 분의 번호 뒤에 소개해 준 분을 적어 둔다. 단순하게 연락처만 알려 주었다 할지라도 그분 덕분에 알게 된 것이니 출처를 꼭 적어 둔다. 그리고 사람들에게 항상 출처를 밝히며 그분에 대한 감사함을 표한다. 인맥은 쉽게 만들 수도 어렵게 만들 수도 있다. 출처를 밝히는 것만으로도 인맥은 자연스럽게 만들어질 수 있다.

그런데 인맥의 출처를 밝히는 사람이 정말 드물다. 후배에게도 사회적으로 이름이 알려진 분이나 평소에 만나기 어려운 분을 종종 소개해 주곤 한다. 그러면 어떤 이는 다른데 가서 마치 자신이 그 사람과 원래부터 잘 알고 지낸 사이처럼 말한다. 원래 자신이 그들과 같은 수준의 사람이었던 것처럼. 왜일까? 주변 사람에게 관심 받고 싶고 인정받고 싶은 마음 때문일 테다. 어찌 보면 인간의 본능이라 할 수 있다. 자신의 출처를 밝히는 순간 자신의 존재감이 약해지고 묻힌다 착각하는 것이다. 하지만 그런 생각에서 빠져나오지 못하면 인간관계에 발전이 없다.

'음수사원(飲水思源)'이란 말이 있다. 물을 마실 때는 그 물이 흘러 내려온 근원을 생각하고, 그 우물을 판 사람을 생각해 감사하며 마셔야 한다는 의미다. 우리가 살아가는 세상 모든 것에는 출처가 있다. 글의 출처, 생각의 출처, 행동의 출처, 인맥의 출처가 있다. 그 출처를 잊어서는 안 된다.

2. 철저한 준비와 마무리, 그리고 여운

나는 오래전부터 "그 사람 정말 괜찮더라.", "그분 정말 훌륭
해."라는 말을 들으면 무조건 찾아가서 만나 보곤 했다. 누
구나 알 법한 유명인부터 그룹 회장님, 교수, 사업가, 스포
츠 선수 등 수많은 사람을 만났다. 그들과의 첫 만남에서 대
부분 마음을 얻었고, 지금까지 많은 분들과 관계를 잘 유지
해 오고 있다.

그 비결은 '철저한 준비'에 있었다. 나는 누군가와 첫 만남
을 시작할 때 '기회는 또 오지 않는다'라고 생각한다. 내 인생

에서 그 사람과의 만남이 이번 한 번뿐이라면 어떨까? 그 만남에 최선을 다하게 된다. 상대가 어떤 성향인지, 좋아하는 것은 무엇인지, 관심사가 뭔지 등에 대해 철저하게 준비한다. 그래야 상대의 마음을 얻을 수 있다. 공부에도 예습, 복습이 필요하듯 사람과의 관계에도 예습이 필요하다. 만약 상대에 대해 잘 모른다면 소개해 준 사람에게 상세하게 물어서라도 준비해야 한다. 깨끗한 옷차림, 언행, 예의는 기본이다.

첫인상의 상당 부분을 차지하는 것은 겉모습이다. 그러니 옷차림도 상대에게 맞도록 신경 쓰자. 정중한 옷차림을 하면 상대는 내게 존중받는 기분을 느낀다. 여기서부터 이미 긍정적인 인상을 줄 수 있는 셈이다. 즉, 격식에 맞는 옷차림은 긍정적인 인상을 심어 주는 것은 물론 예의를 지키는 사람으로 만들어 준다.

▶ 준비물 세 가지

이제 본격적으로 상대방을 위한 준비가 필요하다. 사람을 만난다는 것은 그 상대의 소중한 '시간'을 사는 것이다. 그래서 나는 항상 감사의 표시로 꼭 세 가지를 준비한다.

첫 번째, 선물

선물은 사람의 마음을 여는 최고의 방법이다. 그동안 수

많은 사람을 만났지만 선물을 받고 기분 나빠하는 사람은 단 한 명도 없었다. 선물은 상대방과 나를 가깝게 해 주는 좋은 수단이다.

선물을 준비할 때도 몇 가지 요령이 있다. 먼저 상대에 대해서 조사한 후, 부담스럽지 않은 범위에서 상대가 좋아할 것으로 준비하자. 간혹 자신이 좋아하는 것을 주는 사람이 있다. 이것은 선물이 아니라 공유다. 또, 이왕이면 상대의 활동 반경에서 준비하자. 선물의 색상, 디자인 혹은 사이즈가 맞지 않을 경우 교환할 수 있도록 배려하는 것이다. 상대는 이런 작은 센스에 감동한다.

그리고 첫 만남에서 정중한 인사와 함께 바로 선물을 전달하자.

"대표님, 뵙고 싶어서 설레는 마음에 작은 선물을 준비했습니다."

자신을 생각해서 선물까지 준비했다는데 싫을 사람은 없다. 없는 시간도 만들어서 나에게 더 시간을 할애해 준다. 이처럼 선물은 상대의 마음을 열 수 있는 최고의 열쇠다.

두 번째, 편지

편지에는 얼마나 상대방을 만나고 싶어 하는지 나의 의지가 담긴다. 내 진심을 담아 한 글자 한 글자를 직접 손으로 써 보자. 요즘처럼 이메일이 보편화된 시대에 편지는 깊은 인상을 남길 수 있다. 또 손 글씨에는 어디에서도 느낄 수 없는 독특한 감성과 정성이 담겨 있다. 만약 만나는 상대방이 작가라면 '작가를 희망했던 사람입니다. 선생님의 책을 보면서 작가는 세상을 올곧게 바라볼 수 있어야 함을 깨우쳤습니다. 너무너무 감사합니다.'라고 짤막하게 몇 줄 적어 보자. 그러면 받아 보는 분들이 환하게 웃으며 기뻐하리라. 언뜻 편지가 별거 아니라 여길 수 있지만, 그 작은 것에 마음이 열릴 수 있다. 간혹 글씨체가 예쁘지 않아 편지를 꺼릴 수 있다. 하지만 악필에도 진심은 드러나기 마련이다. 글씨가 아니라 글에 내 마음을 담는 것이니 글씨체는 별 문제가 되지 않는다. 선물과 함께 편지는 상대의 마음을 여는 특별한 열쇠가 될 수 있다.

세 번째, 질문

질문은 상대방이 가지고 있는 수십 년의 노하우를 쉽게 얻을 수 있는 좋은 방법이다. 상대의 노하우를 얻으려면 질문을 준비해야 한다. 나는 상대를 만나기 전에 그 사람의 직업, 성향, 활동 영역은 물론 저서, 영상, 기사 등을 읽으며 질문을 준비했다. 예를 들어 이종범 선수를 만난다면 그의 핵심 노하우는 어떻게 만들어졌을까, 그 노하우 중에 어떤 걸 배워서 나에게 적용해 볼까 이런 고민을 계속 해 본다. 그러고 만났을 때 내가 준비해 온 몇 가지 질문을 한다. 그러면 짧은 시간에 그 사람이 가진 평생의 노하우를 얻을 수 있다.

　○○ 그룹의 회장님을 처음 만났을 때의 일이다.
　"회장님, 제가 궁금한 게 있는데 여쭤봐도 되겠습니까? 회장님이 그동안 일하시면서 얻으신, 지우고 싶은 상처 두 가지만 알려 주십시오."
　그러자 그분이 깜짝 놀라셨다. 자신이 수많은 사람을 만났지만 이런 질문을 한 사람은 내가 처음이었던 것이다. 이처럼 질문은 만나고 싶은 사람에 대해 얼마나 생각했는지 알 수 있는 방법이다. 질문의 수준에 따라 상대방도 자신을 다르게 볼 것이고 마음도 쉽게 열린다.
　그런데 질문을 준비하지 않고 오는 사람이 너무 많다. 준비 없이 만나면 의미 없이 시간만 보내고 오는 것이다. 그뿐 아니라 상대의 소중한 시간도 빼앗는 셈이 된다.

　이렇게 만났으면 마지막은 감사인사로 마무리하자. 나를 위해 소중한 시간을 내어 준 분에게 감사인사는 필수다.

▸ 만남 후 2-2-2 법칙

상대방과의 만남이 잘 끝났다고 하자. 그럼 이것으로 끝난 걸까? 관계를 계속 이어 나가야 한다. 이때도 노하우가 있다. 상대방과 헤어지고 20분 안에 감사 문자를 보낸다. 예를 들어 다음과 같은 문자를 보내 보자.

오늘 소중한 시간 내주셔서 진심으로 감사합니다.
첫 번째, 제가 평생 깨우치지 못한 것들을 배워 왔습니다.
두 번째, 제 이야기를 들어 주셔서 너무너무 감사했습니다.
세 번째, 오늘 말씀은 마음속에 간직하면서 계속 되새기겠습니다.

상대방이 이 문자를 받으면 어떻게 생각할까? 자신의 말을 정말 경청했음을 알게 될 것이다. 또 함께한 시간을 잘 정리하는 모습에 나에 대한 호감도가 훨씬 높아진다. 왜냐면 자신에게 집중했다는 뜻이기 때문이다. 그리고 분명 나를 또 만나고 싶어 할 것이다.

그 후 무조건 2주 안에 상대방과 다시 연락해서 약속을 잡자.

"대표님, 혹시 다음 달에 시간 주시면 제가 찾아뵙겠습니다."

그러면 거절하는 사람이 거의 없다.

이렇게 두 번만 만나면 마음을 못 얻을 사람이 아무도 없다. 이것이 2 대 2 대 2 법칙이다. 이 법칙을 따르면 이 세상에 마음을 얻지 못할 사람이 한 명도 없다. 누구를 만나도 마음을 다 얻을 수 있다.

세상 모든 것이 그렇듯 거저 이루어지는 것은 없다. 사람 마음을 얻으려면 철저한 준비가 필요하다.

그런데 준비 없이 만남을 시작하는 사람이 너무 많다. 그러니 마음을 얻지도 못한 채 시간만 허비하는 것이다. 준비를 해야 마음을 얻을 수 있다.

또 준비를 잘해서 만난 것으로 끝난 게 아니다. 감사인사와 더불어 여운을 남기는 마무리를 잊지 말자.

놀깨형이 건네는 한마디

- 만남은 인연이고 관계는 노력이다. – 양광모
- 배추를 얻고 싶으면 씨부터 뿌려라. – 놀깨형

당신의 명언

- -

- -

3. 정문과 옆문

어떤 장소든 출입문이 하나만 있는 것은 아니다. 정문도 있지만, 옆문도 있다. 내가 목적하는 바, 원하는 것을 이룰 때도 마찬가지다. 자신이 정문을 열 만한 상황이 안 된다면 차선책으로 옆문을 열면 된다. 그렇다고 옆문이 불법이나 편법을 말하는 것은 아니다. 목적지까지 가는 다른 방법을 말한다.

예를 들어 내가 무언가를 꼭 배우고 싶은데 교육비가 1,000만 원이라고 하자. 경제적인 여유가 있으면 1,000만 원을 지불하고 배우면 된다. 이것은 정문으로 들어가는 것이다. 그런데 내게 그런 여유가 없다면 포기해야 하나? 이럴 때 평소 상대와 친밀감이 쌓였다면 부탁해 볼 수 있다.

"제가 지금은 사정이 어려워서요. 혹시 제가 조금씩 형편이 되는 대로 드려도 될까요?"

그러면 상대는 흔쾌히 수락을 할 것이다. 혹은 다른 방법을 제시할지도 모른다. 이것이 바로 '옆문'이다.

▸ 옆문을 여는 방법

그럼 옆문을 열려면 어떻게 해야 할까? 평소에 처세를 잘해야 한다. 나는 평소 주변 사람들에게 자주 연락을 하고,

꾸준히 선물을 보내는 편이다. 또, 상대가 나에게 뭔가 부탁하면 할 수 있는 한 최대한 들어주려고 한다. 이런 작은 행동 하나 하나가 상대의 마음속에 마일리지를 쌓는 것이다. 당장 무엇을 바라거나 얻기 위함이 아니다. 이런 마일리지를 계속 쌓다 보면 진짜 도움이 필요할 때 상대에게 부탁할 수 있고, 보이지 않던 옆문이 열린다.

한번은 여름 휴가철에 가족들과 ○○ 콘도에 묵으려 했다. 그런데 성수기라 예약이 매우 어려웠다.

그런데 나는 출발 몇 시간 전에 예약할 수 있었다. 비결이 뭘까? ○○ 콘도 윗분들에게 부탁해서일까? 아니다. 아무리 대표라고 해도 현장에서 일하는 분들이 '객실 만실입니다'라고 말하면 별 도리가 없다. 현장 객실의 매니저에게 훨씬 힘이 있다. 나는 평소에 명절 때가 되면 객실 담당자에게 꼭 과일을 보낸다. 이분에게 과일 보낸 사람이 몇이나 될까? 거의 없다. 부탁만 하는 사람이 대부분이다. 하지만 나는 계속 과일을 보내면서 그분 마음속에 마일리지를 쌓았다. 덕분에 성수기에도 예약이 취소되면 가장 먼저 나에게 연락을 주신다. 바로 옆문이 열리는 것이다.

그런가 하면 반대로 나에게 마일리지를 쌓으며 옆문을 두드리는 이들도 많다. 기업의 고문 역할을 맡아 달라는 요청이 오면 으레 내가 받아야 하는 비용을 요청한다. 내 컨설팅이나 자문을 받으려면 많은 비용을 지불해야 한다. 하지만 평소 나에게 마일리지를 쌓은 이들에게는 무료로 컨설팅을 해 주고 있다. 옆문이 열리는 셈이다.

모든 인간관계에는 마일리지가 필요하다. 상대가 누구든 평소에 처세를 잘하여 마일리지를 쌓으면 옆문이 열릴 수 있다. 하지만 마일리지도 없는 상태에서 옆문을 열려 하면 절대 열리지 않는다. 반감이나 안 사면 다행이다.

▶ 내 편 만들기

인생을 쉽게 사는 방법 중 하나는 주변에 내 편을 많이 만드는 것이다. 내 편이 있으면 삶이 수월해진다. 그럼 어떻게 하면 내 편을 만들 수 있을까? 앞서 말한 마일리지를 쌓는 것이다. 뭔가 대단하고 거창한 것을 하라는 것이 아니다. 일상생활을 하면서 사소하지만, 섬세하게 상대를 관찰하는 습관을 길러 보자. 특별한 날 비싼 선물을 한 번 해 주기보다 평소 작은 선물을 자주 해 주는 편이 훨씬 낫다. 무엇보다 상대가 정말 필요할 때에 건넨 작은 손길이 그 무엇보다 큰 마일리지로 쌓이는 법이다. 아내가 말하기 전에 쓰레기봉투 갖다 버리기, 출퇴근 시 경비원에게 상냥하게 인사 건네기,

무더운 날 택배 기사에게 조그만 요구르트 하나 건네기, 마트에 갔을 때 뒤에 오는 사람을 위해 문 잡아 주기…. 이런 작고 사소한 배려가 모여 커다란 내 편을 이룬다.

놀깨형이 건네는 한마디

- 가장 하찮은 허드렛일 하는 사람에게 잘하라. – 탈무드
- 내 편이 곧 내 재산이다. – 놀깨형

당신의 명언

_____

_____

4. 나만의 기준 세우기

"인맥관리 어떻게 하세요?"

사람들이 나에게 자주 하는 질문이다. 나는 모든 걸 매뉴얼화하는 것을 좋아한다. 조직도 매뉴얼과 규칙이 있으면 운영이 수월하듯이 인간관계에도 그 나름대로의 매뉴얼을 있

으면 관계를 유지하는 데 큰 도움이 될 수 있다. 나의 경우는 만다라트를 활용해서 만나는 사람들, 만나고 싶지 않은 사람들에 대한 기준을 정리해 두고 있다. 만약 지금 여러분이 사람들과의 관계가 어렵고 혼란스럽다면 이 방법을 활용해 보는 것도 많은 도움이 될 수 있을 것이다. 그중 한 가지를 소개해 본다.

▶ 만날 사람

첫 번째, 즐겁고 유쾌한 사람

예전에는 누가 만나자고 하면 어떻게 해서든 시간을 내서 만나곤 했다. 하지만 24시간 중 내가 쓸 수 있는 시간은 정해져 있다. 이 소중한 시간을 기분 좋은 사람과 만나서 대화하고 싶다. 유쾌하지 않은 사람과 만나서 스트레스 받으며 보내고 싶지 않다. 누군가를 몇 번 만나서 유쾌하지 않으면 만남을 자제하는 편이다.

후배 중에 △△라는 별명을 지닌 친구가 있다. 좋은 대학을 나온 것도 아니고, 대단한 개인기나 특출한 능력이 있는 것도 아니다. 그렇다고 말을 많이 하는 것도 아니다. 그런데 같이 자리에 앉아만 있어도 즐겁고 유쾌하다. 그 친구가 한마디를 하면 주변 사람들이 모두 즐거워한다. 나뿐만 아니라 모든 사람이 그 친구를 좋아한다. 이렇게 즐겁고 유쾌한 친구들과는 언제든 만나고 싶고 어울리고 싶다. 에너지가 충전된다.

둘째, 감사할 줄 아는 사람

나는 누군가를 만난 후 웬만하면 선물을 먼저 보낸다. 그 후 상대의 반응을 보면 알 수 있다. 앞으로 더 만남을 이어 가야 할지 말아야 할지. 선물을 받고 고마워하며 감사 문자 혹은 작은 답례라도 보내는 사람들이 있다. 이런 사람들과는 관계를 계속 이어 가고 싶다. 반면 선물을 받은 이후에도 당연하게 생각하는 사람들과는 더 이상 인연을 가져가지 않는다.

셋째, 공유하는 사람

사람을 만나 보면 공유하는 사람이 있고 공유하지 않는 사람이 있다. 좋은 걸 혼자만 가지고 있는 사람이 있다. 사람들과의 관계에서도 일방적으로 소개만 받는 사람들이 있다. 이렇게 공유하지 않는 사람은, 그 무엇도 공유하지 않는다. 사람한테 제일 큰 선물은 사람이다. 그러면 내 주변에 저 사람과 어울릴 만한 사람이 누가 있을까 생각해 보고 좋은 사람을 소개해 줄 수 있어야 한다. 그런데 공유하는 사람은 썩 많지 않다. 일방적으로 소개만 받는 사람은 많다. 사람을 공유하지 않는 사람이 무엇을 공유할 수 있을까? 어려워지면 과연 저 사람이 나를 도와줄까? 소개를 받는 사람이 나보다 돈이 많든 적든, 나이가 많든 적든… 이런 외적인 것은 아무 상관이 없다. 서로 알고 지내면 좋은 사람을 서로 공유해 주는 사람. 그런 사람들과 어울리고 싶다.

▶ 피할 사람

첫 번째, 박복한 사람

아는 형님 중에 정말 멋진 형님이 계시다. 뵐 때마다 더욱 더 성장해야겠다는 생각이 들게 하는 분이다. 그분이 나에게 "박복한 사람들하고 어울리지 마라."라는 말씀을 해 주셨다. 박복이란 의미가 뭘까? 사전적 의미는 '박복(薄福), 복이 없음. 또는 팔자가 사나움'이라는 의미다. 좀 더 풀어서 해석하면 감사할 줄 모르고 당연히 생각하는 사람, 베풀 줄 모르는 사람이다. 고마워하지 않은 사람은 박복한 사람이다.

오래전 홍대에 사주 카페에서 사주를 봐주는 분이 있었다. 그곳에 몇 번 다녀온 후 주변 사람들에게 홍보도 많이 해 주고, 기회가 있을 때마다 여기저기에서 많이 알려 주었다. 내가 보내 준 손님만 해도 수천 명은 넘을 것이다. 더욱이 상담료도 더 인상하게 해 드리고 이런 저런 조언을 해 드렸다. 그런데 내가 찾아가도 커피 한 잔도 공짜로 준 적이 없다. 이처럼 베푸는 것에 인색한 사람이 박복한 사람이다.

나는 이런 사람들과는 최대한 멀리한다.

두 번째, 말과 행동이 일치하지 않는 사람

오래전 "남자의 '말'은 약속어음이다."라는 말을 만들면서 참 뿌듯했던 기억이 있다.

약속어음은 발행했으면 꼭 지켜야 한다. 술을 마시고 했든 맨정신에 했든 자신의 입에서 나온 말이면 지켜야 한다.

만약 술에 취해서 핸드폰을 하나 사 주겠다고 했으면 24시간 안에 선물을 한다. 만약 그 시간이 지나면 유통기한이 지난 것이다. 음식의 유통기한이 지나면 상하고 버려야 한다. 말도 마찬가지다. 유통기한을 지난 후 그걸 만회하려면 두 배, 세 배 노력이 필요하다. 그러니 지키지 못할 약속은 하지 않아야 한다.

빈말을 남발해서는 안 된다.

그런데 우리는 살면서 자신이 지키지 못할 말들을 참 많이 한다. "다음에 식사 한번 하시죠!", "다음에 커피 한잔 하시죠!" 다음에, 다음에, 다음에… 이렇게 빈말을 남발한다. 도대체 '다음'은 언제일까? 어쩌면 그 다음은 장례식장이 될 수도 있다. 빈말을 남발하지 말자. 말을 했으면 빠른 시간 안에 실천해야 한다.

"형님 왜 골프 안 치세요?"

"골프채가 없어."

"그럼 제가 사 드리겠습니다."

이런 식으로 주변에서 골프 장비를 사 주겠다던 사람이 수십 명이다. 그런데 정작 골프채를 사 준 이는 한 명도 없다. 사실 나는 척추분리증이 있어서 골프를 하기 어렵다. 허리의 통증이 심해서 안 친다. 그런데도 일부러 골프 이야기를 꺼내는 것은 상대방이 말과 행동이 일치하는 사람인지를 보기 위해서다. 이렇게 언행일치가 안 되는 사람들은 가급적 멀리한다.

세 번째, 뒷말하는 사람

간혹 남에 대해서 말하기를 좋아하는 사람이 있다. 일명 뒷담화. 하지만 이렇게 뒷담화하는 사람은 절대 성장하지 못한다. 그런 사람은 내가 없으면 나에 대해서 말을 만들어서 할 사람이다. 앞에서 할 수 없는 말은 뒤에서도 하지 말아야 한다. 뒤에서 말하는 사람은 진짜 어른이 아니다. 인터넷 댓글도 마찬가지다. 당당하게 본인을 밝히고 자신 있게 이야기해야 한다. 비겁하게 숨어서 이야기하는 사람들이 너무 많다. 이들은 언론에서 나오는 말을 진실이라 믿고 익명성에 기대어 누군가를 일방적으로 비난한다. 하지만 이것은 참여의식도 아니고 용감함도 아니다. 그저 비겁한 사람이다. 이렇게 뒷담화를 하는 사람들과는 절대 어울려서는 안 된다.

네 번째, 경솔한 사람

군맹무상(群盲撫象)이라는 말이 있다. 내용을 풀이하면 '소경의 무리가 코끼리를 더듬는다'라는 뜻이다. 앞을 못 보는 사람들이 코끼리를 일부만 만져 보고는 제가 만져 본 것만으로 코끼리의 전부를 아는 것처럼 생각한다는 의미이다. 주로 어떤 사물에 대해 좁은 식견을 가지고 자신의 생각만 옳다고 주장하며 그릇된 판단을 하는 것을 비유하는 말이다.

인간사도 그렇다. 상대방을 한 번 만나고 잘 아는 것처럼 이런 저런 평가를 하는 사람이 있다. 그것은 자신만의 편견이나 선입견일 수 있다. 얼마 전 누군가를 만나서 대화 도중 다른 사람의 이야기가 나왔다. 마치 그 사람을 엄청 잘 아는 것처럼 이야기했다. 그래서 난 물었다. 얼마나 알고 지낸 사이냐고. 그런데 몇 번 만나지 않았다는 것이다. 겨우 한두 번의 만남으로 상대방을 잘 알 수 있을까. 나는 아내랑 18년째 같이 지내고 있지만 아직도 아내를 잘 모른다. 지금도 알아 가는 중이다. 일부를 보고 전체를 말하는 사람들, 몇 번 만나 보고 아는 사람이라고 함부로 말하는 사람을 멀리하려 한다. 그런 이들은 위험을 자초하게 마련이다.

이외에도 거리를 두는 사람이 있다. 부정적인 사람, 자신이 필요할 때만 찾는 사람, 술에 취하면 변하는 사람, 밥값 낼 때 눈치 보는 사람, 자신의 이야기보다 남의 이야기를 많이 하는 사람, 자신이 아쉬울 때만 연락하는 사람, 비밀이 많은 사람 등과는 거리를 두려 한다. 이들 모두 성장하려면 멀리해야 할 유형이다.

인생이라는 테마파크를 좀 더 효율적으로 즐기기 위해서는 나에 대해 잘 알고, 상대에 대해서도 잘 알아야 한다.

내가 가진 것, 나의 좋은 점을 철저히 분석한 후 갈고 닦아 상대에게 선물로 줄 수 있다면, 상대 역시 나에게 같은 것으로 보답할 것이다. 그러면 전혀 아는 것 없이 인생을 헤맬 때보다 훨씬 즐겁고 알찬 인생 여행, 인생 놀이를 즐길 수 있다.

놀깨형이 건네는 한마디

- 타인의 호감을 사는 법
  1) 따뜻하고 성실한 관심을 기울여라.
  2) 이름을 기억하라.
  3) 말하기보다 듣기를 잘하라.
  4) 마음속으로부터 칭찬하라.
  5) 미소를 지어라.
  6) 상대의 관심방향을 간파하라. – 카네기
- 저 위의 모든 것을 실천하라. – 놀깨형

당신의 명언

---

1. 마음 얻기

① 상대의 마음을 얻으려면 상대가 원하는 것을 살피고 바로 그것을 주자. 그러려면 상대방을 관찰하고 기억해 두어야 한다.

② 때로는 상대에게 맞출 줄 아는 배짱과 용기도 필요하다. 자기 자신만 고집해서는 안 된다.

③ 인맥의 출처를 밝히자. 내가 처음부터 모든 사람을 알고 있었을 리 없다. 항상 누군가의 도움으로 얻은 인맥이다. 그 도움을 잊지 않고 감사하게 여긴다는 의미를 담아서라도 출처는 반드시 밝히자.

2. 철저한 준비와 마무리, 그리고 여운

① 상대방이 기뻐할 만한 정성 어린 선물을 준비하자. 선물 받고 기분 나빠할 사람은 아무도 없다.

② 진심을 담아 손으로 직접 편지를 써 보자. 명문일 필요는 없다. 중요한 것은 정성이다.

③ 질문거리를 준비하자. 상대방의 노하우를 얻을 수 있다. 질문을 준비하면서 상대에 관해 더 잘 알게 되며, 상대에게 나를 더 잘 각인할 수 있다.

④ 마지막으로 감사인사는 필수다. 상대의 귀한 시간을 한 조각 얻었으면 감사하는 게 당연하다.

⑤ 덧붙여 여운을 남기는 팁. '2-2-2 법칙'. 헤어지고 20분 안에 문자를 보내고, 2주 안에 다시 만나기를 2번 하자.

3. 정문과 옆문

① 정문만 문이 아니다. 평소 사람의 마음에 마일리지를 쌓아 두자. 급할
  때 옆문을 여는 열쇠가 되어 줄 것이다.
② 평소에 내 편을 만들어 두자. 거창한 것을 한 번 하기보다 사소한 것을
  꾸준히 하는 편이 훨씬 효과적이다.

4. 나만의 기준 세우기

① 만날 사람 정하기
  ⑴ 즐겁고 유쾌한 사람을 만나자. 짧은 인생인데 에너지가 충전되는 사
    람을 만나야 행복할 수 있다.
  ⑵ 감사할 줄 아는 사람을 만나자. 작은 것에 감사할 줄 아는 사람을 만
    나야 나도 성장한다.
  ⑶ 좋은 것을 공유하는 사람을 만나자. 사람이든, 물건이든 좋은 것을 나
    눌 줄 아는 사람과 만나자.

② 피할 사람 정하기
  ⑴ 박복한 사람은 피하자. 고마워할 줄 모르는 사람이 곧 박복한 사람이
    다. 들어오는 복도 못 알아보는데 복이 곁에 붙어 있을 리가 없다.
  ⑵ 말과 행동이 일치하지 않는 사람은 피하자. 지키지 못할 약속을 남발
    하는 사람은 신뢰할 수 없다.
  ⑶ 뒷말하는 사람은 피하자. 뒷담화 즐기는 사람치고 떳떳한 사람 별로
    없다. 그런 사람은 자신만의 좁은 우물에 갇힌 개구리와 마찬가지다.
  ⑷ 경솔한 사람은 피하자. 자신이 보고 겪은 게 세상의 전부인 양 잘난
    척하는 사람은 시야가 좁은 사람이다. 자신과 남을 위험에 빠뜨릴
    수 있다.

VI장

TIC
KET

사노라면
카페에서
도란도란

— 혼자 가면 빨리 갈 수 있지만 함께 가면 멀리 갈 수 있다

사람은 혼자 태어나 혼자 살아가다 혼자 죽음을 맞이하는 게 일반적이다.

그러면서 저마다 각자의 테마파크를 거닌다.

태어나면서부터 프리패스권을 쥐어서 뭘 해도 빠르고 즐겁고 행복한 사람이 있는가 하면, 유독 힘들고 위험한 것만 경험하는 것 같은 사람도 있다.

비슷비슷하지만, 모두 다른 테마파크를 여행한다. 그런데 재미있는 점이 있다.

나만의 테마파크인 듯한데 알고 보면 아주 많은 사람과 여러 부분을 공유한다는 사실이다.

혼자 외롭게 떠도는 것 같아도 어느 부분에서는 반드시

누군가와 만나 같은 경험을 나눈다.

나의 테마파크인데 상대의 테마파크와도 일부 겹치는 셈이다.

이것이 아주 많이 겹치는 사람은 아마 가족이나, 친구, 배우자 등의 이름으로 불리고 전혀 겹치지 않거나 아주 조금 겹치다 마는 사람은 그저 지인이나 남이라는 이름으로 불리는 게 아닐까.

그래서 혼자 태어난 인생임에도 함께 어울려 살아가는 거라고 하는 모양이다.

그렇게 어울려 살아가는 사람과 이것저것 타 보기도 하고 구경도 하다가 피곤해지면 이야기도 나눠 보자.

자신이 경험한 것들도 나누고, 기뻤던 일, 슬펐던 일도 나누자.

그러다 보면 새로운 세계를 알게 될 수도 있다.

좀 더 즐겁고 아름다운 대화를 위해 알아야 할 것을 이야기해 보자.

1. 경청의 기술

대화를 할 때 두 부류의 사람이 있다. 한 부류는 말을 하는 사람이다. 다른 한 부류는 누구일까? '듣는 사람'일까? 아니다. 바로 '말을 하려고 기다리는 사람'이다. 다들 자신의 말을 하려 하지, 들으려 하지 않는다. 듣기는 그만큼 쉽지 않다.

삼성전자 창업주 호암 이병철 회장은 다음과 같은 말을 남겼다.

"말하는 걸 배우는 데는 2년이 걸렸지만, 말하지 않는 법을 익히는 데는 60년이 걸렸다."

그런가 하면 미국 최고의 재무 설계사이자 라이프 코치인 스테판 폴란은 말했다.

"최고의 대화술은 듣는 것이다."

동서를 막론하고 듣기가 얼마나 중요하며, 또 얼마나 어려운 일인지 알 수 있다.

사람과의 만남에서 질문은 매우 중요하다. 하지만 그보다 더 중요한 건 경청이다. 경청을 잘하는 것만으로도 상대방의 마음을 얻을 수 있다. 인간은 자신의 말을 잘 들어 주는 사람을 가장 신뢰할 만한 사람으로 여긴다. 이런 사람에게 마음이 쉽게 열린다.

부모가 아이의 이야기를 잘 들어 준다면 혼자 끙끙 앓지 않고, 편하게 이야기할 수 있다.

친구 관계에서도 그렇다. 친구가 나의 속상한 이야기를 잘 들어 줘서 "나는 소중하고 가치 있는 사람이구나."라고 느낀 경험은 다들 가지고 있을 것이다. 누구나 내 말을 잘 들어 주고 이해해 주는 친구와 더 가깝게 지내고 싶어진다.

비즈니스에서도 관계를 잘하는 첫 번째 기술은 바로 경청하기다.

경청은 상대방의 마음을 여는 가장 쉬운 기술이다.

▶ 경청은 스킬이다

경청의 사전적 의미는 상대의 말을 듣기만 하는 것이 아니다. 상대방이 전달하고자 하는 말의 내용은 물론이며, 그 내면에 깔려 있는 동기(動機)나 정서에 귀를 기울여 듣고 이해된 바를 상대방에게 피드백(feedback)해 주는 것을 말한다.

그런데 이러한 의미를 제대로 이해하고 실천하기란 결코 쉽지 않다. 어떤 이들은 경청을 쉽게 여긴다. '경청, 그까짓 거. 듣기만 하면 되는 거 아냐?'라고 생각한다. 하지만 귀만 열려 있다고 다 듣고 있는 것이 아니다. 경청을 제대로 잘하려면 노력이 필요하다. 경청도 하나의 스킬이다. 그러면 어떻게 해야 제대로 경청할 수 있을까?

첫 번째, 귀 기울여서 듣기

경청이란 그냥 듣는 것이 아니라, 모든 일을 멈추고, 눈을 마주치며 들어야 한다. 눈을 맞추는 건 경청의 의미이자 상대방에게 신뢰감을 줄 수 있는 행동이다. 만약 상대가 이야기하는데 나의 시선이 다른 곳에 있으면 어떨까? 굉장히 기분이 상할 것이다. 또 눈을 피하는 행동은 부정적이거나 적대적인 인상을 심어 줄 수 있다. 무심코라도 상대의 시선을 피하는 일이 없도록 주의하자. 또, 상대방이 하는 말, 어투, 표정, 몸짓 등을 살펴보면서 공감해 주자. 공감이 가는 부분에는 맞장구를 쳐 주면 신뢰감은 커질 수 있다. "아, 그러셨어요.", "진짜 대단하시다."라고 호응해 주면 어떨까. 상대는 자신의 이야기를 귀담아 듣는다고 느끼며 존중받는 기분을 느낄 것이다. 그러면 나에 대한 믿음과 호감도가 올라갈 수 있다.

두 번째, 상대의 온도에 맞추기

말에도 온도가 있듯이 경청에도 온도가 있다. 이금희 아나운서가 제일 잘하는 것이 바로 상대방의 목소리 톤에 맞쳐서 대화하는 것이다. 기쁜 일이 있다면 "어머나, 축하해."
하며 밝은 톤으로 축하하고, "외로웠어."라고 하면 낮은 톤
으로 위로해 주는 것이다. 그러면 상대방도 더 편안하게 이
야기할 수 있다. 즉 음성의 보조를 맞춰 주는 것이다. 특히
상대방의 말의 속도, 목소리의 크기와 굵기, 높낮이(톤) 등
에 맞추어 준다. 상대가 빠르게 말하면 나도 그에 맞추어 적
절히 속도를 내고, 우울한 어조라면 나도 차분한 어조로 보
조를 맞춘다. 이렇게 온도를 맞춰 주면 상대는 나를 잘 들어
주는 사람으로 여길 것이다.

세 번째, 메모하면서 듣기

나는 두 달에 한 번, ○○ 부회장님, 대학 교수님들, 유명
저자들과 함께 모임을 가진다. 이때 부회장님이 인생에서
배워야 할 지혜와 가르침을 많이 전달해 주신다. 참여한 모
든 사람이 그분 말씀을 경청한다. 그런데 부회장님은 그중
에서도 나에게 가장 많은 말씀을 해 주신다. 비결이 뭘까?
내가 항상 맨 앞자리에서 앉아서 회장님과 눈을 마주치며
열심히 메모를 하며 듣기 때문이다.

나는 언제나 사람들과의 만남에서 메모지를 준비한다. 그
런 후 상대에게 양해를 구한다.

"대표님 말씀을 꼭 간직하고 싶은데 제가 메모해도 되겠

습니까?"

이런 요청에 메모하지 말라는 사람은 단 한 명도 없다. 오히려 '내 말을 잘 듣는구나' 하는 생각에 더 고맙게 느낀다. 이처럼 메모하는 모습을 보이면 상대방에게 경청을 잘한다는 인상을 심을 수 있다. 똑같은 이야기를 하는데 한 사람은 열심히 기록하고 다른 한 사람은 눈만 껌뻑대고 있다면 어느 쪽에 더 신뢰가 갈까. 그러니 가급적 메모를 하도록 하자.

간혹 메모를 할 때 핸드폰으로 하는 사람들이 있다. 친분이 두터운 사이라면 괜찮다. 하지만 그런 관계가 아니라면 절대 핸드폰 꺼내 놓지 말자. 나는 핸드폰에 열심히 메모를 하고 있다 생각하지만, 상대방은 다른 시선으로 바라볼 수 있다. 정말 자신의 이야기를 메모하는지, 카톡을 하는지, 녹음을 하는 것인지 어떻게 알겠는가? 자칫 상대의 기분이 상할 수 있다. 그러니 가급적 메모지를 활용하자. 기왕이면 질이 좋은 필기구와 수첩을 마련하여 항상 가지고 다니면 더욱 좋다.

네 번째, 항상 모른다는 자세로 임하기

수행하는 분들은 항상 '나는 모른다'라는 말을 되뇌는 훈련을 한다. 모르니까 물을 수 있고, 모르니까 들을 수 있는 것이다. 경청할 때도 마찬가지다. 상대의 이야기를 제대로 듣기 위해서는 모른다는 자세로 나를 비워야 한다. 비우지 않아서 나의 감정이 섞이게 되면 제대로 들어 주는 것이 힘들어진다. 나는 누군가와 이야기할 때 내 마음속으로 주문을 외운다.

'나는 모른다. 나는 아는 것이 없다.'

간혹 상대의 이야기를 듣다 보면 아는 내용이 나올 때도 있다. 이럴 때 중간에 말을 끊는 사람이 있다. "그거 저도 아는데요." 이런 말과 함께. 이런 사람은 제일 하수다. 설사 상대방이 내가 아는 걸 이야기할지라도 "그러셨구나." 하고 계속 들어 주자. 만약 내가 아는 거라며 중간에 대화를 끊으면 상대는 머쓱해져 더 이상 말하기를 꺼리게 된다. 그러니 내가 다 아는 것이라고 상대방의 말을 끊어서는 안 된다.

또, 내가 경험하고 아는 게 전부가 아닐 수 있다. 그러니 내가 안다고 여기는 것도 우선 들어 보자. 아는 것이라면 내가 제대로 알고 있었음을 확인하는 기회가 되는 거고 아니라면 잘못 알고 있었던 것을 바로 잡을 기회가 된다. 어느쪽이든 분명 새로운 게 발견될 것이고 그게 나에게 또 다른 기회를 줄 수도 있다.

오래전 내가 가락시장에 있을 때 기업의 구매자들이 찾아왔다. 다들 학력도 높고 과일에 대해서 이론적으로 공부를 많이 하신 분들이었다. 그들 중 몇몇이 자신이 알고 있는 지식을 신나게 알려 주는 것이다. 시기별로 어떤 과일이 나오는지, 어떤 품종이 좋은지, 과일별 브릭스는 어느 정도가 적당한지 등에 대해서 한참 이야기했다. 사실 예전부터 내가 이미 다 알고 있는 내용이었다. 그러나 마치 처음 듣는 것처럼 호응하고 집중하며 들었다. "예, 과장님. 그러세요. 아, 그러셨구나. 저 그런 거 몰랐습니다." 그러자 상대방이 신이 나서 더 알려 주는 것이다. 덕분에 납품해 달라는 의뢰를 받았다. 만약 나도 이미 알고 있는 사실이라며 중간에 상대의 말을 끊었다면 어땠을까. 상대의 감정이 상했을 것이고, 대화 분위기는 어색해졌을 것이다. 그리고 어렵게 얻은 계약 기회도 물 건너갔을 것이다.

또, 대화를 하다 보면 내가 알고 있는 내용이 진실이고, 상대방이 말하는 내용이 진실이 아닐 수 있다.

이럴 때도 상대방의 이야기에 옳고 그름을 논하지 말자. 상대의 말을 지적하는 순간, 돌이킬 수 없는 최악의 상황이 연출될 수 있다. 그러니 설사 상대의 말이 진실이 아니어도 들어 주자. 경청을 위해서는 나의 판단과 평가가 들어가지 않아야 한다. 어떤 상황에서도 상대의 말을 끊지 말고 들어 주자. 내가 들어 주기만 해도 대화는 이미 성공적이다. 언젠가 상대가 자신이 한 말이 틀렸음을 깨달을 수 있다. 그때 내가 굳이 지적하지 않았음을 떠올린다면 그는 나의 배려에 더욱 고마워하게 될 것이다.

놀깨형이 건네는 한마디

- 인간에게 귀가 두 개, 입이 하나 있는 이유는 듣기를 말하기보다 두 배 더 하라는 신의 뜻이다. – 탈무드
- 엿장수도 아닌데 왜 자꾸 중간에 끊나? – 놀깨형

당신의 명언

----

2. 질문의 중요성

질문: 스티브 잡스, 마크 주커버그, 빌게이츠. 이들의 공통점은?

정답: 유대인.

노벨상 수상자의 22.3%, 미국 아이비리그 입학생의 30%를

차지하는 사람 역시 유대인이다. 또 전 세계 억만장자 중 유대인의 비율은 32%나 된다. 이 정도면 전 세계를 유대인이 이끌어 간다 해도 과언이 아닐 것이다. 그들에게 어떤 특별한 방법이 있는 것일까? 유대인은 '하브루타' 덕분에 우수한 역량을 갖출 수 있었다고 한다. 하브루타는 나이, 계급, 성별에 관계없이 두 명이 짝을 지어 서로 논쟁을 통해 진리를 찾아가는 공부 방법을 말한다. 그 하브루타의 핵심이 바로 '질문'이다. 유대인 부모는 모르는 문제가 있으면 반드시 선생님께 질문하라고 한다. 그리고 자신도 자녀에게 어떤 질문을 했는지 묻는다고 한다. 그렇게 어릴 때부터 질문과 대화를 통해서 스스로 생각하고 탐구하며 문제를 해결하는 습관을 키우는 것이다.

이에 비해 우리나라는 어떤가? 학교나 가정에서 아이들이 질문할 수 있는 기회가 너무 적다. 아이가 질문을 하면 많은 부모님이 "그런 걸 알아서 뭐 해."라며 귀찮아하고 무시한다. 이런 분위기라면 아이는 점차 질문하지 않게 된다. 그러니 생각하는 힘이 길러지지 않는 것이다. 나는 아이는 질문을 통해서 성장한다고 믿는다. 아이가 학교에 가면 "오늘도 질문 많이 하고 와."라고 말한다. 학교에서 돌아오면 "오늘 뭐 배웠어?"라는 말 대신 "오늘은 선생님께 어떤 질문을 했어?"라고 묻는다. 또, 아들이 나에게 질문을 하면 "질문해 줘서 고마워."라고 말한다. 왜일까? 질문을 해야 생각하는 힘이 생기고, 그 힘으로 문제를 해결하는 것은 물론 사고력 창의력도 기를 수 있기 때문이다.

▶ 질문하는 사람만이 답을 찾는다

아이들이 질문을 통해서 성장하듯이 인생에서도 질문은 매우 중요하다. 우리는 살아가면서 수많은 문제들에 직면한다. 그 문제를 해결하려면 질문을 던져야 한다. 성경에도 "구하라, 그러면 얻을 것이다."라는 말이 있듯이 질문을 해야 답을 찾을 수 있다. 그리고 그 답을 실천하다 보면 조금씩 성장하는 삶을 살아갈 수 있다. 질문은 우리를 성장시킬 수 있는 훌륭한 도구다.

학창 시절을 떠올려 보자. 수업 시간에 질문하는 친구들은 모두 공부를 잘하는 아이들이었다.

"선생님, 이건 왜 이런 거예요?"

이렇게 물어보는 학생에게 선생님은 친절하게 설명해 준다. 반면 수업 시간에 질문하지 않고 종이 울리기만을 기다리는 학생은 배움의 질과 양에서 큰 차이를 보인다.

일을 할 때도 마찬가지다. 질문을 하는 사람과 그러지 않는 사람은 성장 속도에 큰 차이가 있다. 내가 장사를 할 때 남들보다 잘할 수 있었던 비결 중 하나는 질문이었다. 스승님 밑에서 2년 동안 일을 배우던 그때, 항상 호주머니에 질문 노트가 들어 있었다. 매일매일 스승님에게 질문을 했다. 나중에는 질문을 너무 많이 하자 스승님이 역정 내실 정도였다.

"제발 그만 좀 질문해라."

이어서 웃으시며 말씀하셨다.

"또 질문하면 대파를 코에 꽂아 버리겠다."

하지만 스승님의 타박에도 굴하지 않고 계속 매달리며 질문했다. 밤늦게 집에 귀가하면 궁금한 점을 수십 가지 정리했다. 그리고 다음 날 명확하게 이해될 때까지 스승님께 꼬치꼬치 물었다. 그렇게 젊은 시절 장사를 배우며 수십 권의 질문 노트를 써 왔다. 지금까지 쓴 질문 노트가 183권이다.

나에게 장사를 배우겠다고 찾아오는 이들은 내가 무엇인가를 알려 주리라 기대한다. 하지만 나는 아무것도 가르쳐 줄 수 없다. 자신의 열정을 바탕으로 질문을 해야 한다. 질문을 한다는 것은 무언가를 알고 싶은 의지와 배우고자 하는 욕구가 있다는 의미이다. 반면 질문 하나 던지지 않는 건 자신이 하는 일에 관심이 없다는 뜻이다. 그런 사람은 무언가를 배울 마음도 없고, 그런 자세로는 무엇을 해도 실패할 확률이 높다. 일이든 공부든 질문을 해야 성장하고 발전할 수 있다.

간혹 질문을 하고 싶어도 이런 저런 걱정스러운 마음에 못 하는 이들도 있다. 하지만 세상에 올바른 질문, 잘못된 질문 같은 건 없다. 질문을 한다는 것만으로도 훌륭하다. 대우받고 인정받아야 한다. 좋은 질문, 나쁜 질문은 없다. 질문은 하는 게 중요하다.

자신의 삶을 주도적으로 개척해 가고 싶다면 질문을 망설이거나 두려워해서는 안 된다. 무엇보다 자신이 했던 질문과 그에 대한 답은 마음속에 항상 남아 자신의 것이 된다. 그렇게 조금씩 배우고 성장해 가는 것이다.

물론 우리는 여전히 질문이 익숙하지 않은 나라에 살고 있다. 질문을 하면 뭔가 도전적으로 보이기도 하고, 태클을 거는 것처럼 느껴져서인지 부정적인 시선도 있다. 하지만 질문 없이 산다는 건 제대로 된 인생을 살아가는 게 아니다. 자신만의 제대로 된 인생을 살아가기 위해 용기를 내 봤으면 한다. 질문이 자신의 성장 이정표가 되어 줄 것이다.

▸ AI 시대, 가장 중요한 능력은?

그동안은 시험을 잘 보는 사람이 세상을 이끌었다. 이제는 질문을 '잘'하는 사람이 이끄는 세상이 올 것이다. 우리는 지금 AI와 대화하는 시대에 살고 있다. 모든 영역에서 AI가 우리를 앞설 수 있다. AI가 유일하게 할 수 없는 일이 바로 '질문'이다. 질문은 사람만이 할 수 있는 영역이다. 인간이 인간임을 증명할 수 있는 것이 질문이다.

인공지능의 대가인 솔트룩스 이경일 대표는 다음과 같이 말했다.

"과거에 서울대, 하버드대 들어간 사람들은 답을 잘 쓰는 사람들이었다. 앞으로 정답을 잘 말하는 것보다 새로운 것을 발견해 낼 수 있는 통찰력 있는 질문을 잘하는 능력이 훨씬 중요해질 것이다."

나 역시 이분의 말씀에 크게 공감한다. AI와 대화하는 시대에는 더 이상 답을 찾는 능력이 중요하지 않다. 그보다는 질문을 잘하는 능력이 훨씬 중요하다. 내가 어떤 질문을 하느냐에 따라 AI가 제공하는 결과물도 달라진다. 만약 질문이 어설프면 AI의 대답도 어설프다. 질문을 잘해야 공부도 잘하고, 질문을 잘해야 조직 내에서 원하는 성과를 낼 수 있다. 모든 출발은 '질문'에 있다는 사실을 잊지 말자.

▸ 질문이 어려운 이유

2010년 서울에서 열린 G20 정상회의에서 있었던 일이다. 기자 회견장에는 전 세계 기자들이 있었고, 버락 오바마 대통령은 한국의 기자들에게 질문 기회를 주었다. 그런데 한국의 기자들은 그 누구도 질문하지 않았다. 이러한 상황이 낯선 오바마 대통령은 긴장을 풀어 주기 위해, 통역이 있으니 한국어로 질문을 해도 된다고 했다. 하지만 여전히 질문하는 한국 기자는 없었다. 아마 많은 분들이 이 영상을 접했을 것이다. 왜 질문하지 못한 걸까? 그 자리에 참석한 한국 기자들은 정말 궁금한 것이 하나도 없어서 질문하지 않았을까?

첫 번째, 집단주의 문화

대부분의 서유럽국가와 미국은 일반적으로 개인주의 문화다. 그들은 개인의 성취와 권리를 최우선으로 두기에, 궁금한 것은 언제든지 질문하는 것을 당연시한다. 학교에서도 교사나 부모가 학생들이 마음껏 질문할 수 있는 환경을 조성하고 질문과 토론을 통해 스스로 답을 찾도록 유도한다.

반면 우리나라는 집단주의 성향이 강하다. 개인주의를 이기적인 것으로 여기고 백안시한다. 이런 분위기에서 자신의 생각, 의견을 표현하기란 쉽지 않다. 같은 집단의 규범을 벗어나 조금이라도 자기주장을 하려고 하면 이기적이고 독선적인 사람이라 여긴다. 그래서 누군가 질문하면 뭔가 잘못된 생각을 가지고 있다는 부정적인 시선으로 바라본다.

이는 교육현장에서도 그대로 드러난다. 우리나라 학교 수업은 교사가 일방적으로 강의를 하고 학생은 듣는 입장이다. 질문은 수업에 방해가 되는 걸림돌로 여겨지고, 선생님도 질문하는 학생을 달가워하지 않는다. 나는 중·고등학교 시절 질문을 자주 했었는데, 그때마다 수업 분위기 깬다며 수차례 얻어맞곤 했다. 그러다 보니 정작 질문이 있어도 주변의 시선이 신경 쓰여 망설이는 것이다. 이처럼 어려서부터 질문하는 문화가 익숙지 않으니 성인이 되어서도 질문을 못 하게 된다.

두 번째, 무식한 사람이라는 낙인에 대한 두려움

질문이 있어도 바보처럼 보일까 봐 기회를 날린 적이 다들 한 번쯤은 있을 것이다. 남이 날 어떻게 생각할까 하는 두려움, 나의 무지를 보여 주고 싶지 않은 못난 자존심 등이 우리를 침묵하게 한다. 앞서 말한 기자들 역시 세계적으로 중요한 회의라는 중압감과 '뭐 저런 걸 물어봐.', '그것도 몰라?'라는 비웃음 섞인 시선에 두려움을 느꼈을 것이다.

이런 두려움을 제일 많이 갖고 있는 사람들이 바로 리더들이다. 그들은 대표라는 위치 때문에 질문을 못 한다. 혹여 자신이 질문을 하면 누군가 '아니, 대표라는 사람이 저것도 몰라?', '대표가 너무 무지한 거 아냐?'라고 비난할 것 같아 두려워한다. 하지만 나는 구성원들과 회의할 때도 모르는 건 모른다고 솔직하게 이야기하고 묻는다. 그들이 나를 무식하다고 생각하든 멍청하다 여기든 전혀 상관없다. 내가 궁금한 걸 해결하고 싶은 마음이 우선이다. 또, 회의를 할 때면 이런저런 전문 용어를 쓰는 사람들이 많다. 내가 모르는 것투성이다. 그때도 나는 망설이지 않고 묻는다. "미안한데 그 용어를 잘 몰라서 그러니 정확하게 알려 주면 좋겠다." 자신이 대표든 회장이든 지위 따위는 중요치 않다. 모르면 누구에게든 어떤 상황에서든 질문할 수 있어야 한다.

우리는 자신이 모른다는 것을 부끄러워한다. 그러나 이런 태도를 바꿀 필요가 있다. 배우지 않았다면 모르는 것은 당연한 것이다. 배움을 추구하는 데 부끄러워할 필요가 없다. 오히려 모르면서도 알고자 하지 않는 태도, 자신의 무지를 슬쩍 넘어가려는 태도야말로 비난받아 마땅하다. 그러니 질문을 부끄러워할 필요는 없다. 오히려 배울 것을 찾았으니 기뻐해야 하지 않을까?

세 번째, 기회가 또 올 것이라는 착각

사람들은 왜 질문 안 하는 걸까? 그것은 기회가 또 올 것이라 착각하기 때문이다. 그래서 그 기회가 얼마나 소중한지 모른다. 우리는 자주 보는 사이가 아닐 때가 많다. 다시는 만나지 못할 수도 있다. 질문의 기회가 항상 있는 것은 아니다. 그러니 기회가 왔으면 그 순간을 놓치지 않고 질문을 해야 한다. 다음 기회가 있을지 없을지는 아무도 모른다.

'일기일회(一期一會)'라는 말이 있다. 모든 순간은 생애 단한 번의 시간(기회)이며, 모든 만남도 생애 단한 번의 만남(인연)이라는 의미다. 만약 누군가와 한때를 갖는 것이 자신의 인생에서 단한 번의 기회라고 여긴다면, 그 순간 뜻깊게 보낼 것이다. 반면 앞으로 몇 번이고 만날 수 있다고 여긴다면 그 만남에 소홀하고 결국 기회를 흘려보내게 된다. 그러나 기회란 늘 있는 것이 아니고 대개 한번 놓치면 다시 잡을 수 없다.

이외에도 선입견 때문에 질문을 하지 못할 때도 있다. '저 사람은 이러저러 할 거야.', '안 봐도 뻔하지.' 이런 지레짐작 때문에 질문할 수 없다. 이 짐작하는 습관을 버려야 한다. 불필요한 짐작은 질문을 막는다.

막상 경험해 보면 예상과 전혀 다를 수도 있다. 불필요한 상상과 지레짐작 때문에 귀한 기회를 날리는 어리석은 짓은 하지 말자.

놀깨형이 건네는 한마디

- 창조적 사고에 가장 좋은 자극제는 초점이 있는 질문이다. 짜임새 있는 질문은 문제의 핵심을 꿰뚫고 새로운 아이디어와 통찰을 부르는 힘이 있다. — 브라이언 트레이시
- 질문이 하나도 없을 만큼 유식한 사람은 없다. — **놀깨형**

당신의 명언

----

3. 질문의 대상

살다 보면 수많은 고민에 휩싸인다. 어떤 직장을 구해야 할지, 상사와 어떻게 잘 지낼 수 있을지, 짝사랑하는 상대의 마음을 어떻게 열 수 있을지, 슬럼프에서는 어떻게 빠져 나올 수 있을지 등 끊임없이 고민하고 방법을 찾는다. 그런데 간혹 혼자만의 힘으로는 답을 찾지 못할 수도 있다. 이럴 때는 어떻게 해야 할까? 무조건 물어야 한다. 묻는 것이 '답'이다. 인생을 조금이라도 수월하게 사는 방법 중 하나는 묻는 것이다. 누군가에게는 어려운 일이 누군가에게는 쉬운 일일 수 있다.

이때 누구에게 묻느냐가 중요하다. 바로 '경험'한 사람에게 물어야 한다. 길을 모를 때는 그 길을 걸어 본 사람에게 물어야 한다. 또, 음식 맛이 궁금하면 먹어 본 사람한테 물어야 하고, 옷을 잘 입고 싶다면 옷을 잘 입는 사람에게 물어야 한다. 무엇이든 경험한 사람에게 물어야 내 질문에 대답해 줄 수 있다. 삶을 수월하게 사는 방법은 경험한 사람에게 묻는 것이다. 경험한 사람의 답변은 인생의 프리패스권이다.

그런데 우리는 엉뚱한 사람한테 묻는 일이 다반사다. 예를 들어 부자가 되어 보지 않은 사람에게 이런 질문을 한다.

"부자가 되어 보니 어때요?"

그럼 어떤 답이 돌아올까? 부자 되어 봐야 별거 없다고 한다.

그런데 진짜 부자한테 질문해 보자. 그들이 어떻게 답을 할까? 부자가 되면 좋은 점 수십 가지를 나열할 것이다.

사업을 할 때도 마찬가지다. 여러분이 스타트업 회사 대표인데 10억 투자 받고 싶다고 하자. 투자를 받아 본 경험이 없으니 고민이 한 가득이다. 투자유치는 어떻게 하는 건지, 어떻게 하면 투자자의 마음을 얻을 수 있을지, 투자자들이 중요하게 보는 기준이 무엇인지 등에 대해서 알기가 어렵다. 그럼 어떻게 해야 할까? 이미 회사를 운영하면서 10억 투자를 받아 본 사람들이 있다. 그 길을 먼저 걸어 본 사람들이 있다. 그들에게 가서 물어야 한다. 또, 장사를 배우고 싶다면, 장사 경험이 많은 사람에게 물어야 한다. 장사를 해 본 사람이 많은 노하우를 가지고 있다. 그들에게 물어보는 걸 부담스러워하지 마라. 모를 때는 무조건 전문가에게 도움을 청해야 한다.

인생을 사는 지혜를 얻고 싶다면 나이가 지긋한 분들에게 물으면 된다. 나이가 많다고 꼭 삶의 지혜를 가지고 있는 것은 아니지만, 나이를 먹어야 경험할 수 있는 것도 분명 있다.

예전에 혼자 산을 오르며 질문을 연습할 때였다. 산에 혼자 오시는 어른들이 의외로 많았다. 그래서 일부러 어르신들 옆에 앉아 말을 붙이곤 했다.

"제가 과일 장사인데 과일 좀 나눠 드려도 될까요?"

이런 저런 대화를 하면서 평소에 궁금한 것들에 대해서 묻는다. 그럼 다들 몹시 반가워하신다.

"어르신, 살면서 꼭 지켜야 될 세 가지가 있다면 어떤 게 있을까요?"

"살면서 우리가 버려야 할 것들이라면 뭐가 있을까요?"

이런 똑같은 질문을 수십 명의 어르신들에게 했었다. 그러면 각각 자신의 생각을 말씀해 주신다. 그분들이 나에게 답을 줄 수 있는 것은 삶에 대한 경험치가 있기 때문이다.

▸ 직접 경험한 사람이 없다면

만약 자신 주변에 직접 경험한 사람이 없다면 어떻게 할까? 경험한 사람을 알고 있는 사람에게 부탁하자.

언젠가 ○○○ 대표 아들의 어깨뼈가 부러졌었다. 어떻게 치료를 받아야 할지 몰라 힘들어하는 상황이었다. 나 역시 그런 경험이 없어서 뭐라고 대답해 줄 수가 없었다. 누가 이런 고민에 답을 줄 수 있을까. 그때 생각난 사람이 ○○○ 감독이었다. 오랫동안 운동선수로 활동했던 분이니 그동안 부상 경험이 얼마나 많겠는가. 제일 많이 다쳐 봤을 것이다. 그래서 그분에게 연락하여 상황 설명을 하고 의견을 물었다. 그러자 홍운동에 있는 정형외과를 알려 주셨다. 덕분에 수술 없이 어깨뼈를 고칠 수 있었다.

이처럼 자신의 주변에 경험한 사람이 없을 때도 직간접적으로 연결된 사람은 찾아보면 한둘 정도는 다들 있을 것이다. 그들에게 질문을 하면 자신이 원하는 답을 찾을 수 있다. 급하다고 아무에게나 묻는다면 제대로 된 답변을 들을 수 없다.

삶은 '무엇을 해야 할까?'라는 끊임없는 질문의 연속이다. 그럴 때마다 우리는 스스로에게 계속 질문을 던진다. 하지만 그 답을 스스로 구할 수 없을 때는 누군가에게 물어야 한다. 인생은 누구에게 질문하느냐가 가장 중요하다. 그 누군가의 답에 따라서 우리의 미래가 달라질 수 있다.

놀깨형이 건네는 한마디

- 만약 죽을 상황에 처했고, 목숨을 구할 방법을 단 1시간 안에 찾아야
  한다면, 1시간 중 55분은 올바른 질문을 찾는 데 사용하겠다. 올바른
  질문을 찾고 나면 정답을 찾는 데는 5분도 걸리지 않을 테니까.
  — 알베르트 아인슈타인
- 네 머리를 믿지 말고 네 질문 노트를 믿어라. — 놀깨형

당신의 명언

----

4. 질문의 스킬

가끔 후배들이 나에게 묻는다. 어떻게 하면 형님처럼 질문
을 잘할 수 있느냐고.

나 역시 처음부터 질문이 자연스러웠던 것은 아니다. 어
떻게 하면 질문을 더 잘할 수 있을까 고민하던 중 '질문을
제대로 하는 방법'을 배워야겠다 싶었다. 그렇게 수소문 끝
에 업계에 최고라는 선생님을 찾았다. 그분이 '질문술사' 박
영준 선생이다. 박영준 선생님을 찾아가 이런 저런 사정을

이야기한 후 본격적으로 질문의 스킬이나 방법을 계속 훈련해 갔다. 그러고 알게 되었다. 좋은 답을 얻으려면 좋은 질문이 우선이라는 것을. 또, 좋은 답을 얻고 싶으면 질문부터 제대로 설계해야 한다는 것을. 지금은 누구를 만나도 질문을 잘할 자신이 있고, 질문법을 주제로 강의도 한다.

10점짜리 질문에는 10점짜리 답변이, 100점짜리 질문에는 100점짜리 답변이 나오는 것이다. 질문은 지식의 문제가 아니라 '기술'의 문제다. 그저 묻는다고 다 질문이 아니다. 질문도 스킬이 필요하다.

▶ 질문도 기술이다

첫 번째, 사소한 것부터 질문하자.

남녀 관계에 단계적인 스킨십이 필요하듯이 질문도 단계적이어야 한다. 즉 상대가 호감을 느낄 수 있는 질문부터 시작하자. 상대를 만날 때 어떤 색을 좋아하세요, 영화는 주로 어떤 걸 좋아하세요, 등 이런 가벼운 질문부터 해 보자. 이렇게 가벼운 질문부터 시작하면 상대가 편안함을 느끼고, 점점 대답할 마음의 준비를 하게 된다.

두 번째, 열린 질문을 하자.

질문의 종류에는 닫힌 질문과 열린 질문이 있다. 닫힌 질문은 '네', '아니요'처럼 답이 정해진 질문이다. 예를 들어 '오늘 밥 먹었니?'라는 물음에는 '네' 혹은 '아니요'라는 답밖에 할 게 없다. 이런 질문은 생각하는 과정을 차단한다. 더 이상 대화가 이어지기 어렵다. 이런 질문은 피하는 것이 좋다.

반대로 열린 질문이란 자신의 의견을 이야기할 수 있도록 유도하는 질문이다. 예를 들어 아이에게 "오늘 점심에 어떤 거 먹었어요?"라고 물으면 "김치랑 국이랑 생선 먹었어요."라고 대답할 수 있다. 또, "어떤 이유 때문에 공부가 힘들어?", "어떻게 이런 답이 나왔는지 설명해 줄래?"와 같은 질문도 열린 질문이다. 이런 질문은 생각을 자극해 사고력을 확장시킬 수 있는 질문이다. 대화를 이끌어 가기 위해서는 상대방의 취미와 관심사 그 사람이 좋아하는 것들을 위주로 열린 질문을 던져 보자. 상대의 마음속을 들여다볼 수 있다.

세 번째, 나에게 도움이 되는 질문을 하자.

질문도 나에게 도움이 될 수 있는 질문이 있고, 나와 전혀 관계없는 질문도 있다. 나에게 도움이 되는 질문을 해야 시간을 유용하게 쓸 수 있다.

"우와, 자동차가 멋지네요. 얼마에 구매하셨어요?"

"자동차가 정말 멋지네요. 저도 그 차를 구매하고 싶습니다. 어떻게 해야 그런 차를 구매할 수 있을까요?"

위 두 가지 질문 중에 어떤 질문이 나에게 유리한가? 첫 번째 질문은 '상대'에 대한 질문이다. 두 번째 질문은 상대의 '노하우를 얻을 수 있는' 질문이다. 똑같은 내용도 질문을 어떻게 하느냐에 따라 결과는 전혀 달라진다.

간혹 기업의 대표를 만나서 이런 질문을 하는 사람들이 있다.

"대표님 얼마 버셨어요?"
"재산이 얼마나 되세요?"
"지금 몇 평 사세요?"

이런 질문은 나에게 하등 도움이 되지 않는다. 남의 재산, 연봉을 안들 무슨 의미가 있을까. 나에게 그 돈을 주는 것도 아닌데. 이런 질문은 허송세월을 보내는 것과 같다. 무엇보다 상대방도 달가워하지 않는다.

같은 내용이지만, 나에게 도움 되는 질문으로 바꿔 보자.

"대표님처럼 경제적 여유를 갖고 싶은데, 제가 어떤 노력을 하면 좋을까요?"

"저도 부자가 되고 싶은데, 어떤 노력을 해야 될지 세 가지만 말씀해 주시면 너무 감사하겠습니다."

"대표님처럼 그렇게 멋진 집에서 생활하고 싶은데 그러려면 어떤 것들을 가장 먼저 생각해야 할까요?"

이런 식으로 조금만 질문 형태를 바꾸면 상대를 인정해 주면서 내가 궁금한 것도 들을 수 있다.

네 번째, 프레임을 갖춘 질문을 하자.

프레임이란 어떤 정해진 틀, 범위 등을 의미한다. 질문할 때는 정확한 프레임을 먼저 짜야 한다. 그래야 정확하게 원하는 답을 얻을 수 있다.

"형님 저 여행 가고 싶은데. 어떤 곳이 좋을까요? 추천 좀 해 주세요."

이런 질문을 받으면 당혹스럽다. 여행의 예산은 얼마인지, 누구랑 가고 싶은지 정보가 없는 상태에서 어떤 대답을 할 수 있을까? 그러니 똑같은 질문도 프레임을 짜서 해야 한다.

"형님, 제가 일주일 동안 시간이 납니다. 경비는 100만 원 정도 생각하는데, 여행 갈 만한 곳이 있다면 추천해 주실 수 있을까요?"

이런 질문을 받으면 나는 내가 다녀 본 여행 경험치를 바탕으로 얼마든지 답해 줄 수 있다. 똑같이 여행에 대한 질문이지만 결과는 전혀 다른 것이다.

가끔 부자가 되고 싶다며 나를 찾아오는 이들이 있다.

"형님, 저 부자 되고 싶습니다. 좀 도와주십시오."

이런 질문을 받으면 어떻게 대답해야 할까? 아무런 대답을 할 수가 없다. 내가 그 친구의 상황이 어떤지, 얼마를 벌고 싶은지 아무런 정보가 없는 상태에서 부자가 되고 싶다고 하면 어쩌라는 건지.

반대로 돈을 벌어 부자가 되고 싶을 때 자신의 프레임을 정해서 질문하는 친구들이 있다.

"저 지금 잔고가 마이너스 300만 원입니다. 저 1억 모으고 싶습니다."

이 질문에는 내가 아는 범위에서 얼마든지 대답해 줄 수 있다.

"가락시장에 가면 밤 10시부터 새벽 3시까지 일해 봐. 새벽 3시부터 9시까지 잠을 자고. 오전 10시부터 몇 시까지 일하면 연봉 얼마를 벌 수 있어. 여기서 생활비 얼마 쓰고 뭐 쓰고, 이렇게 하면 2년 안에 1억 원을 모을 수 있어. 1억을 모으면 다시 찾아와. 그때 2억, 3억 모으는 방법을 알려 줄게."

이처럼 프레임의 유무에 따라서 답이 완전히 달라질 수 있다. 이처럼 질문을 제대로 해야 자신이 원하는 답을 들을 수 있는 것이다.

물론 처음부터 질문을 잘하기란 어렵다. 바보 같은 질문이라고 질책당할까 두려워하지 말고 질문을 마구 던져 보자. 하다 보면 점점 좋은 질문이 무엇인지 조금씩 감이 잡히기 시작한다. 그렇게 수십 수백 번 질문을 던져 보면서 경험치가 쌓이고 질문하는 실력이 늘어 간다. 질문도 자꾸 연습해야 늘기 마련이다.

고기도 먹어 본 놈이 잘 먹는다고 하지 않는가.

▶ 질문 노트 만들기

많은 사람들이 질문의 중요성을 알지만, 여전히 질문을 어려워한다. 그 이유는 깊이 생각하지 않고, 그냥 머릿속에 떠오르는 대로 질문하기 때문이다. 이런 경우 엉터리 질문을 하기 십상이다. 그러니 질문이 어렵게 느껴질 수밖에. 이를 방지하기 위해 자신의 질문을 미리 글로 써 보자. 그러면 무엇을 모르는지, 상대에게서 알고 싶은 것이 무엇인지 정확하게 정리할 수 있다.

나는 질문을 어려워하는 사람들에게 먼저 질문 노트를 만들라고 권한다. 거창한 것이 아니다. 우리가 누구를 만나든지 공통적으로 할 수 있는 질문이 있다. 그런 질문들을 노트에 매일 매일 정리해 보는 것이다. 처음 일주일은 하루에 5가지씩 적어 보자.

예를 들어 첫 번째, 좋아하시는 음식이 뭐예요? 두 번째, 주로 어떤 음악을 좋아하세요? 세 번째, 네 번째, 다섯 번째….

이렇게 매일 써 보면 일주일에 35개의 질문이 완성된다. 그다음 주부터는 하루에 여섯 개로 늘려 가고, 일주일이 지나면 일곱 개를 정리한다. 그렇게 매주 한 개씩 늘려 가면서 매일 열 개씩 적어 보자. 매일 질문을 정리해 보면 스스로 알게 된다. 어떤 질문이 좋은 질문인지, 어떤 질문이 별로인지 깨달을 수 있다. 그리고 조금씩 질문을 수정해 나간다. 또, 나에게 도움이 될 수 있는 질문이 뭔지 계속 고민하고 정리해 보는 것이다.

이때 가장 좋은 방법은 주변 전문가에게 자신의 질문을 피드백 받는 것이다. 나는 제자들을 훈련시킬 때도 질문 노트를 써 보라고 했다. 그리고 매일 하나하나 피드백을 해 줬다.

"화요일에 쓴 두 번째 질문, 누구를 위한 질문이야? 나 같으면 좀 바꿀 것 같은데 이렇게 바꿨으면 좋겠어. 다시 생각해서 나한테 알려 줄래?"

"지금 질문도 좋은데, 프레임이 없어. 한 번만 더 생각해 보자."

이처럼 질문 노트에 매일 질문을 써 보면서 질문을 완성해 가면 질문 리스트가 완성된다.

이 리스트가 엄청난 자산이 되는 것이다. 누구를 만나든 걱정할 필요가 없다. 이 리스트에서 상대에게 맞는 질문을 꺼내 사용하면 내가 원하는 답을 들을 수 있다. 나 역시 마찬가지다. 지금 내 핸드폰에는 1,000개의 질문이 저장돼 있다. 만나는 사람이 누구인지에 따라 적합한 질문을 꺼내서 조금씩 수정해서 사용한다. 나만의 질문 리스트가 있으면 질문이 더 이상 어렵거나 힘들지 않다. 어떤 사람을 만나든 내가 얻고자 하는 답을 정확하게 얻을 수 있다. 그러니 오늘부터 질문 노트를 마련해 질문을 하나씩 정리해 보자.

놀깨형이 건네는 한마디

- 사람을 판단하려면 그의 대답이 아니라 질문을 보라. – **볼테르**
- 질문이 곧 내 재산이다. – **놀깨형**

당신의 명언

- -

- -

1. 경청의 기술

① 경청이란 그저 귀로 듣는다는 의미가 아니다. 오감을 동원해 상대의 말을 듣고 호응도 해 주자.

② 상대의 온도에 맞추어 주자. 여기서 온도란 상대의 어조나 높낮이, 속도 등을 말하고 그것을 맞추라는 뜻이다.

③ 메모하면서 듣자. 상대의 말에 좀 더 집중할 수도 있고, 상대의 마음에 깊은 인상을 남길 수도 있다. 가능하면 종이 메모지를 준비하자. 필기구와 수첩을 항상 소지하고 다니면 더욱 좋다.

④ 항상 모른다는 자세로 임하자. 상대가 하는 말은 끊지 말고 끝까지 듣자. 또한 설령 틀린 말을 하더라도 굳이 지적하여 상대를 부끄럽게 만들 필요는 없다. 잘 들어 주기만 해도 대화는 성공한 셈이다.

2. 질문의 중요성

① 문제를 해결하기 위해서는 우선 질문할 수 있어야 한다. 질문이 있다는 것은 그만큼 고민하고 생각했다는 뜻이다. 공부든 일이든 질문할 줄 아는 자가 성장하고 성공할 수 있다.

② AI 시대에 가장 중요한 것은 제대로 된 질문을 할 수 있는 능력이다.

③ 질문이 어려운 이유 ⇒ 극복해야 할 문제

(1) 집단주의 문화의 영향 ⇒ 나쁜 짓만 아니라면 눈치 보지 말고 뭐든 하자!

(2) 무식한 자라는 낙인이 찍힐까 하는 두려움 ⇒ 좀 무식해 보이면 어떠냐? 남은 나를 사흘 기억 안 한다.

(3) 이번이 아니라 다른 기회가 또 올 거라는 막연한 기대 ⇒ 인생은 1회용이다. 기회도 1회용이다.

⑷ 기타, 선입견, 자존심, 지레짐작 등 ⇒ 버릴 것들.

3. 질문의 대상

① 제대로 질문하기 위해서는 질문의 대상을 바르게 선정해야 한다. 해당 분야의 유경험자를 찾아가서 묻자.
② 직접 경험한 사람이 없다면 한 다리 두 다리 건넌 사람이라도 찾아보자. 급하다고 모르는 이에게 질문하는 것보다는 시간이 걸리더라도 전문가를 찾는 게 훨씬 낫다.

4. 질문의 기술

① 질문도 기술이다.
　⑴ 사소한 것부터 질문하자. 호감을 느낄 수 있는 가벼운 질문부터 시작하자.
　⑵ 열린 질문을 하자. '왜', '어떻게', '어떤', '무엇' 등 상대가 생각하여 답할 수 있는 질문을 하자.
　⑶ 나에게 도움이 되는 질문을 하자. 단순한 호구조사는 나에게도 상대에게도 도움이 되지 않는다. 상대를 인정해 주면서 노하우를 배울 수 있도록 질문의 형태를 조금만 바꿔 보자.
　⑷ 프레임을 갖춘 질문을 하자. 즉 구체적이고 목적성이 뚜렷한 질문을 하자.

② 질문 노트 만들기
　손으로 직접 써 보면 자신이 진짜 무엇을 알고 싶은지 명확해진다. 그러면 비로소 제대로 된 질문을 할 수 있다. 반드시 질문 노트를 쓰도록 하자. 날마다 질문 개수도 늘리고 피드백도 받는다면 금상첨화다.

아직도 인생이라는 테마파크를
거닐고 계실 여러분께

— 다시 처음으로

어린 시절, 처음 테마파크에 부모님 손 붙잡고 가던 그때를 떠올려 보자. 육체적 눈높이도 정신적 눈높이도 많이 달라져 있지 않은가? 철모르던 시절에는 마냥 즐겁게만 보이던 테마파크이지만, 어른이 된 지금 바라보는 테마파크는 그저 즐겁기만 한 곳은 아니다. 몸도 예전 같지 않고, 돈을 계속 써야 하는 입장이 되고 보니 아이와 달리 마음도 편하지만은 않다.

　인생도 마찬가지다. 어릴 때 바라보는 인생은 그저 두근 거리고 기대되는 먼 미래였다. 그땐 그저 즐기기만 해도 됐다. 하지만, 조금씩 나이를 먹으면서 인생을 즐기기만 하기에는 참 어렵다는 것을 깨닫는다. 인생은 미래가 아니라 바로 현재가 되었기 때문이다. 고단하다. 안다. 맞다. 하지만 그래도 우리는 인생을 즐겨야 한다. 어떤 놀이기구를 탈지 얼마나 오래 탈지 매일 고민하더라도, 그것조차 우리는 즐겨야 한다.

나는 야채장사를 하면서 수많은 사람을 만났고, 흔하지 않은 경험도 많이 했다. 즐거운 일도 많았지만 죽을 만큼 힘든 일도 많이 겪었다. 그러나 어떤 일이든 당하지 않고 경험한 것이 나의 자산이 되었고, 그 덕분에 반 발짝쯤 여러분 앞에 서서 가이드를 해 줄 수 있게 되었다.

인생이라는 테마파크에서 웬만한 것은 다 경험해 봤지만, 아직도 가야 할 곳이 남았다. 경험해야 할 것이 남았다.

그 사실이 나는 너무나 두근거리고 설렌다. 그 경험을 통해 나는 또 얼마나 더 성장할까!

— 리더의 역할

예전과 달리 요즘 아이들은 책을 잘 읽지 않고 동영상을 많이 접하는 탓에 생각하는 힘이 많이 부족하다. 나는 가급적 일상 속에서 아이 스스로 생각하는 힘을 키워 주려고 한다.

언젠가 중학생 아들이 게임을 하는데 장비를 바꿔 달라는 것이다. 그래서 제안서를 써 오라고 했다. 내가 사 줘야 되는 이유 세 가지와 사 주지 않아도 되는 이유 세 가지를 정리해 오라고 했다. 사실 바로 사 줄 수도 있었다. 그럼에도 제안서를 써 오라고 한 것은 그 과정에서 아이 스스로 생각하는 힘을 길러 주기 위해서였다.

많은 부모가 아이에게 크고 작은 문제들이 생겼을 때, 정답을 바로 알려 주거나 즉시 문제를 해결해 준다. 반면 나는 문제를 해결해 주기보다 아이에게 생각할 시간을 주고 기다려 주는 편이다. 또, 아이가 실수를 했을 때도 마찬가지다. 혼내지 않고 아이 스스로 잘못을 깨닫고 고쳐 나가도록 한다.

언젠가 아이가 책상 위 화병을 깨뜨렸을 때의 일이다.

"이거 왜 깨진 것 같아?"

"내가 좀 더 조심했어야 했는데, 괜히 건드려서 깨진 것 같아요."

"그럼 이제 어떻게 했으면 좋겠어?"

"이제 조심히 치워야 할 것 같아요."

"그럼 어떻게 치워야 다치지 않고 치울 수 있을까?"

이처럼 나는 계속 아이에게 질문을 던진다. 아이 스스로 무엇이 문제인지, 뭐가 잘못된 건지, 다음번에는 어떻게 해야 하는지 스스로 생각하게 하는 것이다. 이처럼 어떤 상황에 부딪쳤을 때 스스로 문제점을 파악하고 해결하는 방법을 찾다 보면 생각하는 힘은 자연스럽게 길러진다. 나는 부모의 역할 중 하나가 아이 스스로 생각할 수 있는 힘을 길러 주는 것이라 믿는다.

부모에게 부모의 역할이 있듯이 조직의 리더에게도 역할이 있다. 그중 하나는 구성원들을 성장시키는 것이다. 사업은 혼자만 잘한다고 되는 일이 아니다. 회사가 성장하는 만큼 직원도 같이 성장해 줘야 한다. 함께 성장해야 멀리 갈 수 있다. 직원을 다스리는 게 아니라 직원을 성장시켜 줘야 된다.

어떻게 하면 구성원들을 성장시킬 수 있을까?

첫 번째, 자유롭게 질문할 수 있는 문화를 만들자.

조직에서 급여가 적어서 떠나는 쪽과 조직 문화가 싫어서 떠나는 쪽, 어느 쪽이 더 많을까? 조직 문화가 싫어서 떠나는 일이 훨씬 많다. 이런 조직 문화는 누가 만들까? 리더다. 특히 우리나라 문화에서는 궁금한 것을 물어보고 의문을 제기하는 것이 자유롭지 않다. 조직이 관계 중심으로 움직이다 보니 상대방이 기분 나빠할까 봐 반대 의견이 있어도 말하지 못하는 경우가 허다하다. 어쩌다 회의에서 의견을 내거나 궁금한 점을 물어보면 '잘난 척한다, 나댄다, 따진다, 딴죽 건다' 등등 각종 부정적인 비난을 듣기도 한다. 이처럼 권위적이고 수직적인 문화에서는 질문하기가 어렵다. 그러니 의견이 다르거나 질문이 있을 때 자유롭게 자신의 의견을 낼 수 있는 문화를 먼저 만들어 주자. 이런 문화가 형성되면 구성원의 사기는 올라가고, 성과가 따라오기 마련이다.

두 번째, 구성원 스스로 생각할 수 있도록 도와주자.

보통 리더나 상사들은 부하 직원에게 자신의 생각을 일방적으로 지시하거나 주입식으로 말하는 경향이 강하다. 하지만 이런 방법으로 생각하는 힘은 절대 길러지지 않는다. 나는 회사를 운영할 때 많은 직원들과 항상 활발하게 소통했다. 그것도 남자 직원이 대부분인 회사에서. 비결이 뭘까? 나에게 질문을 하면 내가 다시 구성원에게 질문해서 스스로 생각하고 답을 찾도록 했다. 바로 되묻기 방식이었다. 즉, 상대의 질문을 똑같이 되돌려주는 것이다.

예를 들면 구성원이 상사에게 다음과 같은 질문을 했다고 하자.

"거래처에 첫 미팅을 갈 때 어떤 물건을 준비해 가야 할까요?"

대개의 경우 상사는 이런 저런 물품을 준비하라고 지시한다.

하지만 나는 구성원이 질문을 하면 그에게 다시 질문을 던진다. 되묻는 것이다.

"네가 생각할 때는 어떤 것들을 준비하면 좋을 것 같아?"

내 질문에 구성원은 자기 스스로 준비물을 머릿속으로 계속 생각한다. 그런 후 내 질문에 대답한다.

"펜과 노트를 준비해야 할 것 같습니다."

"나도 그렇게 생각해. 노트하고 펜이 중요한 것 같아."

간혹 구성원이 어떤 선택을 하지 못해 질문을 할 때도 마찬가지다.

"복사기를 새로 구입해야 할지 너무 고민입니다. 어떻게 해야 할까요?"

이런 경우 보통 상사는 물건의 구입 여부를 예스, 노로 알려 준다. 하지만 이처럼 구성원에게 답을 알려 주면 자꾸 상사에게 의지하게 되고 더 이상 깊이 생각하려 들지 않는다. 또, 자신은 상사의 결정에 따랐으니 책임감도 느끼지 않게 된다. 그러니 답을 알려 주기보다는 되물어야 한다.

"너라면 어떻게 하고 싶어?"

이러면 질문에 대해 생각한다. 기존 복사기에 어떤 문제점이 있는지, 새 복사기 구입 시 어떤 이점이 있는지? 비용은 어느 정도 들어가는지 등등 여러 각도로 생각하게 된다. 스스로 고민하고 결론을 내게 된다. 이렇게 되묻기 질문을 통해 스스로 답을 찾아가도록 하는 것이다. 이런 과정이 계속 반복되면 구성원들도 스스로 생각하는 힘이 길러진다. 이후에는 그 어떤 상황에서든 적극적으로 대처해 나갈 수 있다.

많은 리더들이 인재가 없다고 하소연한다. 그러나 좋은 인재가 없다고 한탄할 것이 아니라 직원이 성장할 수 있도록 도와주어야 한다. 리더는 최대한 말을 아끼고 직원 스스로 생각을 이끌어 내도록 해야 한다. 이것이 리더의 역할이다. 그래야 구성원도 조직도 함께 성장해 갈 수 있다.

— 한 발 나아가면서

쉬운 성공은 없다. 누구든 무언가를 이루기 위해서 다른 사람은 상상할 수도 없을 만큼 큰 바다를 건너고 큰 선택의 갈림길에 서서 큰 결정을 내리기 마련이다. 그 결정을 내렸기에 결국 성공한 것인데 사람들은 과정은 보지 않고 결과만 보면서 부러워하고 질투한다. 큰 사업을 하는 사람들은 엄청난 투자 금액을 마련하기 위해 백방으로 뛰었을 것이고,

싫은 사람에게 아쉬운 소리를 했을 수도 있다. 사업이 망하면 안 된다는 생각에 잠 못 이루는 날도 허다했을 것이다.

당신이 지금 누군가의 성공을 롤 모델로 삼고 있다면, 그의 성공 뒤에 숨은 치열한 노력과 그가 치른 대가를 먼저 떠올려야 한다. 기본적인 노력도 하지 않은 채, 풀리지 않은 자기 인생 탓만, 녹록지 않은 세상 탓만, 자신의 부족한 배경 탓만 하며 시간을 낭비하지 말아야 한다. 앞에서도 말하지 않았는가? 당신은 성공하지 못한 게 아니라, 단지 지금까지 '안 한' 것일 뿐이다. 덧붙여 말한다. 지금 당신이 하는 일에서 즐거움을 찾지 못했다면 그건 당신이 아직 덜 절박하다는 의미이다.

성공하고 싶었고, 잘 먹고 잘사는 풍요로운 삶을 살고 싶었던 나는 맨땅에 헤딩하듯 한 걸음씩 떼었다. 질문하고 도전하고 경험하는 과정에서 숱하게 상처받고 깨지기도 했다. 가장 독한 가르침을 찾으라고 했듯, 그 누구도 자신이 쌓은 귀한 노하우와 비법을 쉽게 가르쳐 주지 않는다. 자신도 힘겹게 얻은 것이기에 쉽게 펼쳐 놓지 않는 건 당연하다. 보잘것없는 장사꾼에 불과하지만 수십 년간 쌓인 내 생각들을 정리하고 나니, 이 세련되지 못한 말들이 누군가에게 변화의 불씨가 될 수 있을지 걱정도 되고 기대도 된다. 하지만 이 책 한 권을 통해 삶의 습관 하나만이라도 제대로 바꾼다면 당신의 인생에 큰 변화가 생기리라는 것은 확신한다.

성공을 향해 걷는다는 점에서 우리는 모두 같다. 아직 나에겐 이루고 싶은 목표가 많다. 선택하여 태어난 삶은 아닐 수도 있지만, 어쨌든 태어났다면 가슴 벅찬 목표를 품고 하나씩 이루는 행복감을 맛보면서 살아야 하지 않겠는가? 목표를 이루어 나가는 과정이 마냥 순탄하고 즐겁지만은 않을 것이다. 그러나 하루하루 작은 성취를 이루다 보면 어느새 커다란 꿈과 목표를 이룬 스스로를 발견할 것이다. 그 과정을 즐기는 것이 우리의 의무임도 잊지 말아야 한다.

아무것도 없는 절망적인 순간들도 많았지만 좋은 과일, 좋은 채소 하나에 매달려 치열하게 살기를 수십 년. 절실함이 낳은 나의 작은 성과들이 이 책을 읽는 분들에게 긍정적인 자극이 되길 바란다. 모든 분의 삶에 눈부신 열정이 가득하기를 바란다.

내가 농담처럼 늘 하는 말이 있다. "원래 인생은 무슨 일을 하든지 취해서 미친 듯이 즐겨야 해." 이왕 사는 삶, 이왕 해내야 하는 일들, 이왕 할 거면 미친 듯이 즐겨야 한다. 일에서도, 사랑에서도, 인생에서도, 무엇이든지 일단 하겠다고 정하면 미친 듯이 즐기며 해야 한다. 그 과정에서 오는 고통마저도 즐기며 이겨 내야 한다.

조금 멀게는 행복사관학교를 만들고자 하는 목표가 있다. 연기학원이나 입시학원 등 지명도 있는 사립 교육기관은 과정을 마치면 졸업생들끼리 기수를 따진다. 그런 것과 마찬가지로 전문 아카데미를 만들고 싶다. 그래서 많은 친구에게 새로운 기회의 터전을 제공하고 싶다. "너 행복사관학교 몇 기야?"라는 말이 자연스럽게 나올 수 있게 말이다.

나는 사람을 변화시키는 힘은 교육밖에 없다고 생각한다. 교육에 가장 좋은 시기는 유치원과 초등학교 시절이다. 언젠가 일본의 요코미네 유치원과 하얼빈의 만방국제학교를 모델로 하여 학교를 설립하고 싶다. 도심에서 성장하는 아이들이 자연을 접할 수 있는 장소를 마련하는 것이다. 소나 돼지가 어떻게 크는지, 옛날 방앗간이 어떤 곳인지, 떡은 어떻게 만드는지, 우리 어렸을 때는 자연스럽게 볼 수 있던 자연과 조화를 이루는 모습을 경험하게 할 것이다. 오두막에서 고기도 구워 먹으면서 가족과 시간을 보낼 수 있는 그런 곳을 만들고 싶다. 상상만 해도 두근두근 가슴이 뛰고 열정이 솟아오른다.

　이런 나의 발걸음에 여러분도 함께해 주기를 진심으로
바란다.
　이제 다시 시작이다.

티켓

**지금 나의 모습은
예전에 내가 뿌린 씨앗이다**

초판 1쇄 인쇄 2024년 3월 15일
초판 1쇄 발행 2024년 3월 23일

지은이   이영석
펴낸이   조찬우
펴낸곳   차선책

기획·편집   임희정, 정승혜
디자인   박은정
총괄 마케터   최창원, 박종관
마케팅   Brandingforyou 장이지, 한서우
인쇄   ㈜예인미술
포토그래퍼   Toraii Republic 김지훈, 이은경

출판등록   제2022-00056호
주소   서울특별시 송파구 풍납동 풍성로 14길 31 405호
전화   010-6441-4484
이메일   thenextplanb@gmail.com
홈페이지   https://thenextplanb.modoo.at/
인스타그램   https://www.instagram.com/thenextplan_official/
유튜브   https://www.youtube.com/@thenextplanb/featured
블로그   https://blog.naver.com/thenextplanb
노션   https://thenextplanb.notion.site/thenextplanb

ISBN 979-11-979198-5-5 03320